# 순간순간 성장하는 사피엔스
(Sapiens Growing Moment by Moment)

## 삶의 귀함, 삶의 성취

평균 수명이 길어지고 있다고 해도 일흔 살을 넘겨 여든을 바라보게 되면 많은 이별을 경험한다. 부모님과 은사님들이 곁을 떠나고 심지어는 배우자, 형제자매, 친구들과도 예기치 않은 헤어짐을 겪는다.

생명의 한계를 절감하면서 종교와 예술에 귀의하게 되는 것이 이때이기도 하다. 이는 노년을 깊이 있고 경건하게 보내도록 도와주는 은혜와도 같다. 나이를 먹는다는 것은 행운이다. 노년은 생애를 완성시키는 황금의 시기이다.

대학 동창 두 분이 보기 드문 책을 내었다. 한 분은 성서 이야기를 소재로 산문을, 한 분은 노년의 일상을 소재로 시를 써서 한 권으로 묶었다. 독자들은 그들의 신앙과 감성 그리고 지성에서 삶의 고귀함과 성취를 체험하게 될 것이다.

노년에 내는 책은 젊은 시절에 내는 책보다 소중하다. 거기에는 평생 겪은 경험과 그로 인한 지혜가 담겨 있기 때문이다. 한 분의 노인은 하나의 도서관과도 같다고 한다.

저자들의 건승을, 이 책을 만날 독자들의 행운을 기원한다.

**유 자 효**

서울대학교 불어교육과 졸, SBS 이사, 한국시인협회 회장,
한불시인협회 (Société des Poètes Français) 회장

# 1

**김공대**

· 서울대학교 불어교육과 졸
· 서울대학교 교육학 석사 및 교육학 박사 취득
· 울산대학교 프랑스어·프랑스학과 교수 역임
· 프랑스 Paris제8대학교 객원교수
· 미국 UCLA 객원교수
· 울산대학교 인문대학장 역임
· 현재 울산대학교 명예교수

## 생생 비유 팔경

① 되찾은 아들, 탕자의 귀향 (The Return of the Prodigal Son)   16
② 강도 만난 자의 이웃, 선한 사마리아인 (The Good Samaritan)   30
③ 가나의 혼인 잔치 (Marriage Feast at Cana)   42
④ 달란트 비유 (Tha Parable of the Talents)   52
⑤ 네 가지 땅에 떨어진 씨 (Seeds that have fallen to four soils)   64
⑥ 포도원 주인과 일꾼들의 비유 (The Parable of Vineyard Owner and Workers)   74
⑦ 가라지 비유 (The Parable of the Weeds)   85
⑧ 지혜로운 청지기 비유 (The Parable of the Shrewed Manager)   96

\* K-Culture

① 방탄소년단 '버터 (BUTTER)'   105
② 천상병 시 '귀천 (Return to Heaven)'   111

최
명
진

· 경기여고 졸
· 서울대학교 불어교육과 졸
· 서울무학여고 교사 역임
· 현대정공 사원 역임

## 시 세계

① 사랑 (LOVE)   120
② 기다림의 미학 (The Aesthetics of Waiting)   124
③ 검정 옷 (Black Clothes)   128
④ 멀리 사라지는 사람들 (People disappearing far away)   130
⑤ 며칠 전부터 달님이 내 방을 찾아와 아침잠을 깨워요   134
    (A few days ago, the Moon came to my Room and woke me up in the Morning.)
⑥ 비 (RAIN)   138
⑦ 새벽달 마중 (Welcoming the early morning Moon)   142
⑧ 이분법적 사고 (Dichotomous Thinking)   146
⑨ 유혹하고 떠나는 인생 (A Life that tempts and leaves)   150
⑩ 라 세느 66 (La Seine 66)   154
⑪ 좋아하는 거 (Things I like)   158
⑫ 꿈 (Dream)   162
⑬ 대리만족 (Vicarious Satisfaction)   166
⑭ 설레임 (Thrill)   170
⑮ 주인공 (The main Character)   174

## 들어가는 말

하나님은 우리 인간에게 최고의 큰 선물인 언어를 주셨다. 그것도 소리 분절과 의미 분절로 이중 분절이 되는 언어이다. 그런 면에서 다른 동물과는 다른 언어로 소리 언어인 말과 문자 언어인 글자를 사용하여 최첨단 과학기술을 발달시켜 만물의 영장으로 우뚝서서 자연을 다스리고 호모사피엔스로서 지위를 누리며 현재의 모습으로 성장하였다. 우리는 세계인들이 가장 많이 읽는 성경을 대하며 예수께서 사용한 비유가 40여개 있는 것을 발견하고 이 비유 의미를 어떻게 해석하면 예수의 마음을 가장 정확하게 이해할 수 있을까 곰곰이 생각해 보았다. 그러다 스티브 잡스의 창의력에 대한 인터뷰 내용도 접하고 국내외의 인지언어학 학자들의 비유법 구성 원리를 연구한 결과, 은유는 주관념과 보조관념 사이에 유사점과 차이점으로 구성된 바 이 두 요소를 분석하고 조합하면 아주 선명한 의미가 떠오르게 됨을 깨닫게 되었다. 특히 차이점을 밝히려는 범주 기준으로 시간, 공간, 특성, 존재 가치, 그리고 양태 등을 기준으로 분석하면 생생한 비유의 알고리즘이 생성될 수 있음을 파악하여 특허도 받고 '생생해진 성경 속 비유로 은혜받고 창의력 키우자(울산대학교출판부)'라는 책도 발간한 바 있다. 성경 속의 비유 중 우선 8개의 비유를 이번 창간호에 '생생비유 시나리오'로 만든바 이를 VREW 등을 활용하여 자작 영상도 시도하여 YouTube에 올려볼 셈이다. 최근에 서울소망교회 주요한 목사의 '1세기 당시의 문화적 맥락으로 본 예수 비유'에 관한 강의를 듣고 1세기 당시와 현재의 상황을 먼저 비교하고 우리만의 창의적인 알레고리 시나리오를 만드는데 큰 도움을 주셔서 감사드린다. 그 가운데 '포도원 주인과 일꾼들 비유' 그리고 '지혜로운 청지기 비유'는 참으로 난해하여 생생 은유를 만드는데 상당히 애를 먹었는데, 독자 여러분들의 다양한 경험과 독특한 시각으로 개성이 넘치는 생생은유가 만들어질 여지가 그만큼 더 커지게 되었다.

우리가 이 책의 제목을 '순간순간 성장하는 사피엔스'라 명명한 이유는 먼저 이 책이 만들어지기 전까지 우리 서울대학교 불어교육과 66학번 5명의 동기생이 장르 불문하고 글을 써서 책을 만들어 보자고 합의한 이후부터이다. 각자 글을 완성하는데 최명진 씨와 나는 7월말까지 거의 다 되었는데 믿고 기다리던 나머지 친구들의 작품이 결국 유산되어 버렸다. 인간은 젊었을 때는 사고나 육체가 유연하다. 그러나 70대에 접어든 우리 시니어들은 사고도 육체도 점점 경화되고 있다. 이런 어려운 순간에도 이 역경을 헤쳐 나갈 묘안이 필요했다. 순간순간 성장해 가려면 무엇보다 '긍정적 마음 가꾸기'가 절실했고 이를 위해 '유연한 사고의 힘'을 발휘해야 했다. 우리나라 젊은 축구 선수들이 월드컵 16강 예선에서 "중꺾마", 즉 "중요한 것은 꺾이지 않는 마음'이라고 결단하며 잘 싸워서 축구 강국들을 꺾었다. 이를 거울 삼아 고난을 이기고 성공하려면 "중포꿈", 즉 "중간에서 포기하지 않는 꿈꾸기" 다짐이 절실했다. 그래서 우리 사피엔스는 마지막 숨을 다 하기까지 학습하면서 성찰하고 성장하여 우리의 꿈인 '문학예술 글쓰기'를 포기하지 않겠다고 다짐했다. 설상가상으로 7월말에는 마이크로소프트사에서 갑자기 컴퓨터를 점검하면서 그동안 한글 도구 등을 사용하여 써놓은 자료를 모두 청소해버렸다. 미처 백업해두지 못한 자료를 다시 복구하는데 매우 힘이 들었다. 이런 어려움 속에서도 명진씨께서 "글을 써 책을 내려면 이정도 고통은 이겨내야 한다"며 용기를 북돋아 주셔서 참으로 감사했다.

이제 8개의 성경 속 생생비유와 한류 중 음악 부문에 방탄소년단의 '버터'와 문학 부문에서 천상병 시인의 '귀천'이란 시를 영어로도 번역하여 이번 호에 선보이게 되었다. 기독교인들 뿐만 아니라 우리 독자 모두가 은혜도 받으며 대한민국을 세계 최강의 창의력 국가로 함께 세워 나가기를 소망한다. 이 책과 더불어 향후 만들어질 유튜브 동영상을 활용하여 우리 교육도 다양성과 개성을 존중하는 감성적이고 창의적인 교육이 되어 세계적인 베테랑 리더들이 계속해서 많이 양성되기를 기대해 본다.

끝으로 이 책의 창의적 편집과 인쇄를 맡아 수고해 주신 화신문화(주) 서만식 이사와 직원들에게 감사드린다.

"순간순간 성장하는 사피엔스는 책을 만들고, 책은 새로운 역사의 창조자를 만든다."

2024년 8월

저자 김공대, 최명진

# 1

## 생생 비유 팔경

① 되찾은 아들, 탕자의 귀향 (The Return of the Prodigal Son)

② 강도 만난 자의 이웃, 선한 사마리아인 (The Good Samaritan)

③ 가나의 혼인 잔치 (Marriage Feast at Cana)

④ 달란트 비유 (Tha Parable of the Talents)

⑤ 네 가지 땅에 떨어진 씨 (Seeds that have fallen to four soils)

⑥ 포도원 주인과 일꾼들의 비유 (The Parable of Vineyard Owner and Workers)

⑦ 가라지 비유 (The Parable of the Weeds)

⑧ 지혜로운 청지기 비유 (The Parable of the Shrewed Manager)

\* K-Culture

① 방탄소년단 '버터 (BUTTER)'

② 천상병 시 '귀천 (Return to Heaven)'

## 2024년 1월 11일,

이날은 우리 인생에서 매우 의미 깊은 날이었다. 다름 아니라 우리 서울사대 불어교육과 66학번 동기생들인 화현, 경진, 여학생으로 명진 씨와 인자 씨, 그리고 나 이렇게 모두 다섯 명이 오랜만에 만남을 가졌다. 화현이는 가끔 만났으나 나머지 세 동기생은 16년만의 해후이기에 몹시 마음이 설레였다. 은사이셨던 박옥줄 교수께서 오랫동안 사셨던 서울 반포에서 경진이를 먼저 만나 같이 약속한 식당에 들어서니 화현이와 명진 씨가 먼저 와 있었다. 이제는 제법 우아한 중년이 된 명진 씨는 16년 전 내 아들 결혼식에 그의 아들과 더불어 와 축하해 준 기억이 떠올라서 "마담 최, 오랜만인데 그 아드님은 잘살고 있어요?"라고 물었더니 "예, 잘 살고 있어요."라고 아주 쾌활하게 대답해 주어 정겨움이 더 느껴졌다. 조금 후 인자 씨가 도착했는데 이제는 서울을 떠나 강원도 대관령에 살기에 기차 타고 오느라고 조금 늦었다며 명진 씨 옆에 자리를 잡았다. 경진이는 두 여학생을 54년 만에 만난 셈이라며 앞으로 음식값은 자기가 내겠노라고 하기에, 나는 잠깐 프랑스어로 "샤꿩 아 송 뚜르 (Chacun a son tour=각자 차례가 있기 마련이다)"라고 했더니 모두 이에 찬성하여 이다음 모임에는 인자 씨가 내겠노라 했다. 어느새 반세기 세월이 흐르다 보니 각자 직업에서 임무를 성공적으로 마치고 이제는 중후한 시니어의 기품이 역력하였다. 한식으로 점심을 함께 나눈 후 위층의 카페에 들러 따스한 커피도 들며 정담을 이어나갔다. 나는 나의 최근 활동을 소개해 주고자 '문예가 창조주를 만나니 생생한 비유 꽃봉오리를 피우도다'라는 주제로 성경 속에서 예수가 든 비유 중 '가나의 혼인 잔치'를 예로 들며 알레고리로 스토리텔링한 후 핵심어를 골라 생생한 비유를 만드는 원리를 설명해 주었다. 일단 우리는 3개월마다

정기적으로 모임을 갖자고 합의하고 헤어졌다.

그날 밤 화현이가 카카오톡으로 다음 모임을 4월 11일 목요일로 갖자고 연락이 왔고 명진 씨가 우리의 만남이 생명력이 있고 의미 있는 지속적 만남이 되려면 수필 등 장르를 불문하고 글쓰기를 하여 책을 발간해 보자는데 합의했다. 나는 동의를 한 후 어떤 종류의 글쓰기를 할지 막상 고민하다가 지난 40여 년간 교육자로서 인생길을 걸으며 호모사피엔스, 이른바 '슬기로운 인간'에 걸맞게 생각하고 창조하는 인간으로서 우리 앞과 후세대를 이어주는 다리 역할을 꿈꾸며 순간마다 성장하고 싶다는 마음이 용솟음쳐 올랐다. 이미 이스라엘의 히브리대학교 유발 하라리 교수가 쓴 인간 대 서사시 격인 '호모사피엔스'를 읽으며 영향도 받았는데, 우리 인간이 오늘날 핵, 기술, 과학과 의학을 눈부시게 발전시켜 만물의 영장으로 우뚝 서게 된 것은 무엇보다도 언어를 잘 사용한 덕택이라는 그의 글도 내 머릿속에 맴돌았다.

언어로 말하고 글을 써서 소통하는 우리 사피엔스이기에 우리의 창간호는 '대화와 소통'이라는 주제로 글을 써보자고 했다. 나는 문학에서 비유법이 차지하는 위치가 중차대한 만큼 생생한 비유의 만들기 원리와 필요에 관해 그동안 네 분과 만남을 가진바 남수현 S대 경영학과 출신 후배, K대 중문과 이봉금 교수, 그리고 개포중학교를 비롯해 국어교사로 재임하시다가 은퇴하신 황금주 선생님과 더불어 다음과 같은 대화를 나누게 되었다.

**이봉금**: 교수님, 생생비유 만들기의 필요성은 무엇인가요?
**김공대**: 네. 두 가지 말씀드리겠습니다. 첫 번째 은유를 비롯한 비유법이 생각의 도구이자 다른 생각의 근간이 됩니다. 비유법의 이미지 훈련을 통해 우리의 사고와 언어 표현을 유연하게 하여 강력한 설득력과 적절한 표현력, 새로운 창의력을 기를 수 있습니다. 저는 십 년 전부터 '생생비유 알고리즘'을 세상 사람들에게 소개함으로써 사피엔스의 희로애락 감정주머니를 먼저 풍성하게 만들고 끊임

없는 창의력도 생성하도록 돕고 싶었습니다. 두 번째는 우리의 교육이 대입수능을 위한 주입식 암기교육 위주여서 이런 획일적 사고로는 토론을 통한 학문연구와 발전이 지속되기 어렵습니다. 감성과 창의력을 돕는 생생비유 교육은 개인의 개성과 다양성을 인정하고 존중하는 교육이어서 우리의 미래를 밝게 하기 때문입니다.

**황금주**: 생생비유가 감성적이고 창의력을 계발하는 훈련 도구라는 것을 어떻게 증명하면 좋을까요?

**김공대**: 네 좋은 질문입니다. 세계적인 IT 기업 애플을 창업한 미국의 스티브잡스가 1996년 와이워드지와 인터뷰에서 창의력에 관해 언급한 다음 내용을 먼저 살펴보겠습니다.

"① Creativity is just connecting things. When we ask creative people how they did something, they feel a little guilty, because they didn't really do it, ② they just saw something. It seemed obvious to them after a while, that's because they were able to ③ connect experiences they've had and ④ synthesize new things."

[① 창의력이란 단지 사물을 연결시키는 것이다. ... 창의적인 사람들은 진정 창조적인 무엇을 한 것이 아니라 단지 ② 무엇인가를 봤을 뿐이기 때문입니다. 얼마 후 그들은 자신이 ③ 겪은 경험들을 연결해서 ④ 새로운 것을 합성해 낸 것이 분명해 보였습니다.]

저는 서울대(프랑스어문교육, 2011) 게재 논문 '프랑스어 은환유법 담화의 역동성 특성' 집필 중 위의 인터뷰 내용을 접하고 그 당시 생각하고 있던 은유 생성과정 4단계가 스티브 잡스의 창의력 생성과정과 매우 유사함을 발견하게 되어 이를 계기로 삼아 '비유 문장 생성 방법과 장치(제2081512호)'로 특허를 취득하였습니다. 이러한 검토를 통해 저의 '생생비유' 시제품이 창의적 역량을 키우는 합리적이고 객관적인 근거를 마련하게 된바 양쪽의 생성과정을 비교하면 다음 도표와 같습니다.

| 생성<br>단계 | 스티브 잡스의<br>창의력 생성과정 | 생생한 은유의 생성과정 |
|---|---|---|
| 1단계 | 사물의 연결 | ① 사물 명사 두 개를 제시하여 연결<br>[예: **독서**는 **보약**이다.] |
| 2단계 | 무엇인가를 봄. | ② 공통점이나 비슷한 점을 이미지화하며 봄<br>[**유익하다**; **뿌듯하다** 등등] |
| 3단계 | 겪은 경험들을 연결 | ③ 경험과 지식의 범주화로 차이점 찾기<br>[독서는 정신에 좋으나 보약은 몸에 좋다.] |
| 4단계 | 새로운 것을 합성해 냄 | ④ 유사점과 차이점을 합성하여 생생한 새 은유를 생성해 냄<br>[마음이 뿌듯해지는 독서는 정신에 좋은 보약이다.] |

그런데 사물 명사 간에는 은유 생성이 어렵다는 고정관념에서 탈피하여 생생한 은유법의 무한정 생성과 은유적 사고의 유연성을 통하여 감성과 창의력과 표현력을 향상시켜 우리 아이들을 영재와 천재로 양육할 수 있습니다. 예를 들면 다음과 같은 사물 명사들이 그 예입니다.

[예1]  '피아노(A)는 보트(B)이다.'

위의 [예1]에서 두 사물 피아노와 보트 사이에는 은유 관계 성립이 쉽게 이해가 안 되어 우리의 생생 비유 만들기 원리인 유사점과 차이점을 비교 분석한 후 이 둘을 조합해 보면 다음과 같이 생생한 은유가 만들어집니다.

'피아노는 보트이다.'

| 유사점 | '리듬을 탄다' [피아노는 연주 리듬을 타고 보트는 파도 리듬을 탄다] |
|---|---|
| 차이점 | '피아노는 연주 무대 위에 있고 보트는 바다에 떠 있다' |
| 생생 은유 | '리듬을 타는 피아노는 무대 위에 있는 보트이다' |

물론 사물 명사의 경우 'A=B'이면 'B=A'도 성립하므로 '보트(B)는 피아노(A)이다'는 다음과 같은 생생한 은유를 만듭니다.

[예2]  '리듬을 타는 **보트(B)**는 바다에 떠 있는 **피아노(A)**이다.'

**남수현**: 이제 생생 비유의 창의성이 명확히 이해됩니다. 교수님, 지금은 예수께서 성경을 통해 말씀하신 알레고리나 은유를 바탕으로 보다 생생한 은유 시나리오를 만들고 계시지요?

**김공대**: 네, 그렇습니다. '탕자의 귀환', '달란트 비유'를 비롯하여 8가지 은유 스토리에 제 나름대로 독창적인 스토리를 더 가미하여 재미있고 감성과 창의력을 개발하는 유익한 시나리오를 만들고 그 말미에는 단어 차원의 은유에서 핵심어를 파악하고 주관념과 보조관념을 비교하고 조합하여 생생한 비유 만들기 원리를 적용하고 있습니다.

**이봉금**: 예수님은 왜 비유로 말씀하시기를 즐겨하셨을까요?

**김공대**: 네. 저도 이 점이 궁금하여 마태복음 등 성경을 열심히 읽어보았습니다. 예수 제자들도 스승에게 묻자 예수는 "너희가 들어도 듣지 못하고 보아도 깨닫지 못 하는구나. 귀 있는 자는 들어서 감추어진 창세의 비밀을 깨우치라."고 말씀하십니다. 예수는 우리가 주제 말씀에 대해 편견과 고정 관념을 버리고 생생한 비유 속의 인지언어학 지식을 활용하여, 자신의 영혼과 마음에서 울어나오는 소리를 듣고 잘 깨달으라고 하시는 것 같아요.

**남수현**: 기독교계의 반응은 어떠한가요?

**황금주**: 저도 교사이자 목사이지만 김공대 교수께서 연구를 오랫동안 많이 하신 결과물이라고 생각합니다. 성경 속의 비유를 시작으로 저도 창의력과 은혜가 넘치는 많은 시나리오를 만들고 생생 비유 원리도 적용해 보고 싶어요. 주관념과 보조관념 사이의 차이점을 분석하기 위해 명사의 종류에 따라 '시간'과 '공간', '특성' 그리고 '존재 가치' 등을 범주 기준으로 제시하신 알고리즘이 큰 도움이 됩니다. 그래서 제가 성인들을 대상으로 생생비유를 가르치는 시범 수업 장면을 동영상으로 찍어 유튜브에 올렸으니 참고해 주시기 바랍니다.

**김공대**: 황금주 목사님께서 저의 특허취득을 축하하시며 지금까지 적극 도와 주셔서 감사합니다. 제가 울산대학교 교수 재임시 20여년간 시무장로를 했던 울산대영교회의 조운 담임목사와 현재 출석하는 서울소망교회 김경진 담임목사의 칭찬과 격려에 감사드립니다. 최근에는 주요한 목사께서도 '예수 당시 1세기 문화맥락에서 본 비유' 강의를 해주셔서 현대와 비교하며 생생한 현장감을 느낄 수 있도록 해주셔서 감사드립니다. 또한 영어번역을 정독해 주신 고려대학교 경영학과 김완순 명예교수께서도 연구를 아주 잘 했다고 격려해주셔서 감사합

니다. 이 분은 저희 소망교회 갈렙부 인내팀 회원인데 미국 하버드대학교에서 경제학 박사 취득 후 17년간 미국 생활을 하시다 고려대학교 교수로 은퇴하셨지요.

**남수현**: 혹시 불교계에서도 이런 은유에 관해 관심을 갖고 계신가요?

**김공대**: 네. 명법스님을 소개할게요. 이분은 서울대학교 불어불문학과 졸업 후 문학박사를 마치신 후 불교계에서 '은유와 마음 연구소'를 세우시고 서울대 미학과에서 강의도 하십니다. 자기 자신을 은유 스토리텔링해서 자신을 재구성하여 스스로 치유하게 하는 프로그램 연구소지요. 자신을 객관화하고 문제와 자신을 분리해 바라보며 나의 마음을 은유로 표현하여 긍정적 정체성을 형성함으로써 마음의 고통과 문제를 치유하고 해결하고 있답니다.

**황금주**: 그 말씀을 들으니 불교학적 성과가 기대되네요. 불교학을 이해하는 틀도 전부 그 안에만 있기 때문에 다른 학문 특히 인문학과 철학적 비전을 제시하지 못하고 불교학만의 리그로 끝나곤 했지요.

**이봉금**: 우리 삶의 언어가 현대적 언어로 재해석 되어 불교나 기독교 용어도 인문학을 접하여 볼 수 있게 되어 정말 다행입니다. 이렇게 은유와 생생비유 등 인지언어학 측면의 연구를 계기로 하여 종교계에도 신선한 바람이 부니 우리의 미래 사회가 더욱 밝게 성장되리라 믿습니다.

**남수현**: 앞으로 한국어와 K-Culture 한류의 맛을 전 세계에 홍보하는 의미에서도 음악, 문학, 영화, 드라마에서도 핵심어와 주제어를 찾아 생생비유로 만드는 작업도 계속하실거지요?

**김공대**: 그럼요. 창의적 생생비유는 한국의 미래 문화와 창의적 교육에 크게 기여 할 것이라고 여겨집니다. 지금은 유튜브에 방탄소년단의 '버터'와 천상병 시인의 시 '귀천'만 소개되었는데, 향후 더 많은 예술 작품들이 쏟아져 나올 것입니다. 지금까지 좋은 말씀 함께 해주셔서 감사합니다. 이제부터 성경 속에 나오는 여덟 가지 알레고리 시나리오를 소개하겠습니다.

# 되찾은 아들, 탕자의 귀향,
[No.1, Subject: "The Return of the Prodigal Son"]

| | |
|---|---|
| 등장인물 | (1)서령: 14살 여중생, 단발 검은 머리, 날씬하고 귀여움 |
| | (2)인문: 17살 고교생, 스포츠형 검은 머리, 똑똑하고 미남형임 |
| | (3)서령 아버지: 40대 보통 체격, 지혜롭고 미남형; |
| | (4)서령 어머니: 40대 우아한 미인형, 파마형 검은머리 |
| 시기 | 눈 내리는 겨울 |
| 동선 | 서울 개포동 아파트, 교회, 북카페 |
| 참고자료 | 누가복음, 15장 11-32절 |

| | |
|---|---|
| Characters | (1) Seoryoung: 14-year-old korean middle school girl, short black hair, slim and cute |
| | (2) Inmun: 17-year-old korean high school student, black short hair, smart and handsome boy |
| | (3) Seoryoung's father: 40s, average physique, wise and handsome man |
| | (4) Seoryoung's mother: 40s, beautiful and elegant woman, permanent hair |
| Time | Snowy winter |
| Movement | Apartment, church, book cafe in Gaepo-dong, Seoul, Korea |
| Reference | Gospel of Luke, Chapter 15 Verses 11-32: |

[크리스마스가 가까운 겨울날, 송이 눈이 펑펑 내리고 있다. 인문과 서령 그리고 부모가 식탁에 둘러앉아 저녁 식사를 하고 있다. 찬송가 123장 '저 들 밖에 한밤중에'가 흘러나온다.]

[One winter day, Christmas is just around the corner, and it's snowing heavily. Inmun, Seoryoung, and parents are sitting around the table and having dinner. We hear the Hymn #123 'The First Noel'.]

인문: 교회에서 '문학의 밤' 행사가 있는데 서령과 제가 '탕자의 귀향' 연극에 주연을 맡고 연습을 많이 했어요.

Inmun (with a smile of joy): In the church, we have a "Literature Night" event, and we practiced a lot by starring in the drama of "The Return of the Prodigal Son".]

서령: 오빠는 아버지 역할이고 저는 어머니 역할이에요. 아빠, 엄마, 꼭 보러 오실 거지요? 어머! 밖에 눈이 내리니 내 마음이 더 설레네!

Seoryoung (in an excited expression and voice): Inmun is a father and I am a mother. Daddy and mom, will you come to see us? Wow! It's snowing outside, so I am more excited!]

아빠: 그렇게 연습을 많이 했다니 그동안 수고 많았구나.

Father (in a satisfied expression): I can't believe you guys practiced so much. You've done a great job.

엄마: 얘들이 연습하면서 은혜를 많이 받았군요. 누가복음 성경 속에 나오지 않는 어머니 역할도 궁금하고요.

Mother (in a lovely attitude): I hear they received a lot of grace as they practiced. I'm curious about the role of a mother who doesn't appear in the Gospel of Luke.

아빠: 나도 궁금해요. 자, 그러면 교회로 가자꾸나.

Father: So am I. Now, let's go to church.

[가족이 차를 타고 내리자 예쁜 크리스마스트리 장식이 된 교회가 보이고 가족들이 들

어가 자리를 잡는다.]

(When the family gets out of the car, we can see the church beautifully decorated with Christmas trees, and the family enters.)

[키가 큰 미남형 사회자가 인사하고 연극이 시작된다.]

(The tall and handsome host comes out and greets the viewers and the play begins.)

**사회자**: 성도님들, 안녕하세요? 지금부터 중·고등부 학생들의 '문학의 밤'을 열겠습니다. 제일 먼저 '탕자의 귀향' 연극을 시작하겠습니다.

**Host**: Hello? From now on, we will open the "Literature Night" of middle and high school students. First of all, we will start the play of 'The Return of the Prodigal Son'.

[성도들이 박수로 화답한다.]

(Audience respond with applause.)

[60대 부모와 큰아들 그리고 작은아들이 무대에 등장하여 소파에 앉는다.]

(Sixty-year-old Korean parents, their big son (30-year-old), and their small son (25-year-old) appear on the stage and sit on the couch.)

**작은아들**: 아버지, 재산 가운데서 제게 돌아올 몫을 주십시오.

**Small son (with his hands out to his father)**: Father, give me a part of your property.

**아버지(놀라 당황하며)**: 아들아, 갑자기 네 몫을 달라고? 재산을 받으면 도대체 무엇을 할 셈이니?

**Father (being surprised and flustered)**: My son, suddenly ask for your share? What are you going to do if you get your property?

**작은아들**: 먼 지방으로 가서 제가 꿈꾸던 사업을 해볼 거예요.

**Small son**: I'll go to a distant province and do my business dreams.

**큰아들**: 사업이 그렇게 쉬운 줄 아니? 아버지, 저는 집에 남아 아버지 가업인 농업과 목축업을 이어갈 생각이에요.

Big son (in an unsatisfied expression): Do you know that business is so easy? Father, I will stay at home and continue my father's farming.

어머니: 여보, 작은아들을 떠나게 그냥 놔두실 거예요? 세상이 험해서 재산을 노리는 사람도 있고 생명의 위협도 당할 수 있을 거예요.

Mother (with an anxious and sad heart): Honey, you're gonna let your son leave? Some people are looking for his property because the world is tough, and it could be life-threatening.

아버지 (근엄한 어조로): 당신 말대로 아들을 붙잡고 싶으나 모든 위험도 무릅쓰고 고생도 해보아야 험한 세파를 이길 수 있지. 자, 너희들 몫의 재산을 줄 터이니 받아서 유용하게 쓰도록 하여라.

Father (in a stern manner and tone): Like you said, I want to keep my son alive, but he can beat all the risks and try hard to overcome the rough world. Now, you will have your own property, so take it and make good use of it.

(아버지가 현금과 재산을 반씩 나누어 두 아들에게 건네준다.)
(Father splits the cash property half and hands it to his two sons.)

어머니: 아, 아들아! 네가 우리 곁을 꼭 떠나야 하니? 이 엄마의 가슴이 너무 아프구나!

Mother (approaching to his son to hold his hands in a sad expression): Oh, my son! Do you have to leave us? This mom's heart hurts so much!

작은아들: 엄마의 사랑을 잊지 못할 거예요. 걱정하지 마세요. 꼭 성공해서 돌아올게요.

Small son (hugging his mother softly): I can't forget mom's love. Do not worry. I'm sure I will succeed and come back.


(작은아들이 먼 지방에 가 생활하는 모습이 소개된다. 먼저 도박장에서 남자들과 화투를 치는 모습과, 술집에서 여자와 어울려 즐기는 모습이 보인다.)
[We see the second son living in a distant province. First of all, we see him with men in the gambling field and then hanging out with sexy women at the bar.]

작은아들: 지난번에는 돈을 잃었는데 오늘은 만회 좀 했으니 기분 좀 내볼까. 어이, 아가씨, 최고급 술 한 병과 과일 안주 좀 가져와!

Second son (being so proud of his money): Last time I lost money, but today I made up for a little bit. Hey, the best bottle and fruit snacks!

아가씨: 네, 여기 가져왔어요. 저희 아가씨들에게도 팁 좀 많이 주세요.

Woman (putting down them on the table, and her hand out to the second son with a raspy laugh): Yes, here you are. I want you give a lot of tips to my ladies.

작은아들: 좋았어! 기분이다. 여기 팁이다!

Second son: Good! I feel great. Here is a tip!

(모든 것을 탕진했을 때, 그 지방에 흉년이 들고, 작은아들은 궁핍하여 부농에게 가 일거리를 찾는다.)

(When everything is squandered, a famine is in the province, and the second son is in need of a poverty, he goes to a wealthy farmer to find work.)

작은아들: 주인님, 저에게 아무 일거리라도 주셔서 숙식을 해결하도록 해주십시오.

Second son: Master, give me any work so that I can pay the room and board expenses.

주인: 그렇다면 저기 보이는 들에 나가 돼지들을 치도록 해라.

Master (pointing to his field with his right hand): Then, go to the field you see over there and feed the pigs.

작은아들: 흉년이라 아무도 먹을 것을 주는 사람도 없군. 저 돼지들이 먹는 쥐엄 열매라도 먹고 배를 좀 채워 볼까? 내 아버지의 그 많은 품꾼은 먹을 것이 남아돌 텐데, 나는 여기서 굶어 죽는구나. 아버지, 제가 하늘과 아버지 앞에 죄를 지었습니다.

**Second son** (lamenting his shabby condition): Nobody gives me something to eat because it's a famine. Let's eat the *pods that the pigs eat and fill the stomach. Many of my father's hired men have food to eat, but I'm starving here. Father, I have sinned against heaven and against you.

(오늘도 작은아들이 돌아오길 동네 입구에서 기다리다가 드디어 아들이 돌아오자, 부모가 아들에게 달려가 서로 껴안고 입을 맞춘다.)

(Today, the parents wait at the entrance of the village, and when the son comes back, the parents run to his son and hug each other.)

아버지(목이 멘 소리로): 아들아, 네가 드디어 돌아왔구나! 이게 꿈이냐 생시냐?

**Father** (in a choked voice): My son, you are finally back! Is this a dream?

**작은아들 (떨리는 목소리로)**: 아버지, 제가 하늘과 아버지 앞에 죄를 지었습니다. 이제부터 저는 아버지의 아들이라고 불릴 자격이 없습니다.

**Second son (in a trembling voice)**: Father, I have sinned against heaven and against you. From now on, I am no longer worthy to be called your son.

**어머니**: 얘야, 무슨 소리니? 우리는 밤마다 문 열어 놓고 밤새도록 네가 돌아오기를 기다렸단다.

**Mother (holding his son's hands warmly)**: Hey, what are you talking about? We opened the door every night and waited for you to come back all night.

**아버지**: [종들에게 큰소리로] 여봐라! 어서, 가장 좋은 옷을 꺼내서 입히고, 손에 가락지를 끼우고, 발에 신을 신겨라. 그리고 살진 송아지를 끌어다가 잡아라. 우리가 먹고 즐기자. 나의 아들은 죽었다가 살아났고, 내가 잃었다가 되찾았다.

**Father**: (With a loud voice to the servants), Hurry! Bring the best robe and put it on him. Put a ring on his finger and sandals on his feet. Bring the fattened calf and slaughter it. Let's have a feast and celebrate. For this son of mine was dead and is alive again; he was lost and is found.

**종들**: 네. 분부대로 잔치를 벌이겠습니다!

**Servants**: Yes. We will give you a feast as you say.

(풍악 소리와 춤추면서 노는 '진도아리랑' 노랫소리가 들리는데 큰아들이 밭에 있다 돌아온다.)

(We hear the music of 'Jindo Arirang' singing while dancing and dancing, but the older son comes back from the field.)

**큰아들**: 아니, 웬 풍악 소리인가? 무슨 일이야?

**Big son (being surprised with his eyes wide open)**: No. What is the sound? What's the matter?

**하인**: 아우님이 집에 돌아왔습니다. 건강한 몸으로 돌아온 것을 반겨서, 주인어른께서 살진 송아지를 잡으셨습니다.

**Servant (with polite manner)**: Your brother is back home. Greeting the return safe and sound, your father has slaughtered the fattened calf.

큰아들: 아니, 뭐라고? 흥, 나 집에 안 들어갈래!

Big son (in a disappointed expression): No, what? Heung, I don't go home!

어머니: 아들아! 어서 들어오렴. 세상에 하나밖에 없는 네 동생이 돌아왔구나. 우리가 그토록 기도하고 기다리던 네 아우를 되찾았어!

Mother (persuades his son holding warmly his hands): Big son! Come on. This is only one brother in the world. We have regained your brother that we prayed so long and waited!

큰아들: 나는 이렇게 여러 해를 두고 아버지를 섬기고 있고, 부모의 명령을 한 번도 어긴 일이 없는데, 저에게는 친구들과 함께 즐기라고, 염소 새끼 한 마리도 주신 일이 없습니다. 그런데 창녀들과 어울려서 부모의 재산을 다 삼켜버린 이 아들이 오니까, 그를 위해서는 살진 송아지를 잡으셨습니다.

Big son (with a polite protest against his parents): I have been serving my father for many years, and I have never broken my parents' commands, and you have never given me a goat to enjoy with my friends. However, he who had been with the prostitutes and swallowed his parents' property, came, you caught a fattened calf for him!]

아버지: 애야, 너는 늘 우리와 함께 있으니 내가 가진 것은 다 네 것이다. 그런데 이 아우는 죽었다가 살아났고, 내가 잃었다가 되찾았으니, 즐기며 기뻐하는 것이 마땅하다.

Father (persuades his son tapping the shoulders tenderly): My son, you are always with us, and everything I have is yours. But this brother died and survived, and I lost and found him, so it is appropriate to enjoy and rejoice.

(연극이 끝나자, 박수 소리가 들리고 전면 스크린에 렘브란트의 '탕자의 귀향' 그림이 뜬다.)

(At the end of the play, the sound of applause is heard, and Rembrandt's "The Return of the Prodigal Son" appears on the front screen.)

어머니: 어머나! 십칠 세기 네델란드 화가 렘브란트가 그린 '탕자의 귀향'이구나!

Mother (points at the picture with an astonishment): Oh! It's "The Return of the Prodigal Son" drawn by Rembrandt, seventeenth-century Dutch painter!

서령: 그림 속의 아버지 모습을 보니 정말 자비와 사랑이 넘쳐 보여요!

Seoryoung: I see the father in the picture and I really see mercy and love!

인문: 그런데 아들을 껴안고 있는 아버지의 손을 보니 양쪽이 달라 보이지 않나요?

Inmun: But do you look at the hands of the father hugging his son? Don't the father's two hands look different?

아버지: 그래, 너희들이 인물화를 아주 섬세하게 제대로 감상할 줄 아는구나. 사실 미술가 렘브란트는 아버지의 신실한 사랑의 모습을 왼쪽 손에 그렸고, 어머니의 온화한 사랑의 모습을 오른쪽 손에 그리고 있단다. 화가로서의 감성과 창의력이 돋보이는구나.

Father(with a bright smile): Yeah, you know how to watch the characters very delicately. In fact, the artist Rembrandt draws the father's faithful love in the left hand and the mother's gentle love in the right hand. The painter's emotions and creativity stand out.

어머니: 그럼, 우리 북카페에 가 이야기를 더 나누기로 하자!

Mother: Then, let's talk in our book-cafe!

서령과 인문: 좋아요!

Seryoung and Inmun: Good! (They go to the book-cafe.)

(얘들이 빵과 음료수를 선택해 가져와 함께 나눈다.)

(These guys took bread and drinks and share them together.)

인문: 누가복음의 '탕자의 귀향'이 다른 성경보다 더 문학적이라고 말하던데 왜 그런가요?

Inmun: They say that "the Return of the Prodigal Son" in the Gospel of Luke is more literary than the other Bible. Why is it?

어머니: 스토리 전체가 직유나 은유 표현 등으로 만들어져 이른바 알레고리라고 말할 수 있지. 예컨대, 하나님을 탕자의 아버지로 비유하고, 믿음을 저버리고 세상에서 방탕하다 다시 돌아온 탕자나 그 동생을 시기하는 형은 모든 기독교인을 비유한 문학이라고 할 수 있어.

Mother (answers looking at his son Inmun): The entire story is made up of similes and metaphors, so it can be said to be an allegory. For example, it can be said that God is likened to the father of a prodigal son, and that the prodigal son who abandons his faith and lives in the world and returns again, or the older brother who is jealous of his younger brother, is a metaphor for all Christians.]

아버지: 그럼 서령아, 엄마가 말한 직유를 은유로 바꿔 볼래?

Father (asks to Seoryoung): Then Seoryoung, would you like to change your mom's similes to the metaphors?

서령: 네, 아빠. 서로의 유사점을 찾아 한정어로 시작해 볼게요. '신실하신 예수는 탕자의 아버지이다'. 그리고 '온화하신 성모 마리아는 탕자의 어머니이다.' 아빠, 맞아요?

Seoryoung (answers looking at her father): Yes, Dad. Let's start with each other's similarities beginning with modifier. 'The faithful Jesus is Father of the prodigal son.' And 'The gentle Virgin Mary is Mother of the second son.' Dad, right?

인문: 와아, 대박! 좋았어!

Inmun: Wow, jackpot! Good!

아버지: 그럼, 이번에는 단어 차원에서 추상명사 혹은 마음명사인 '회개'도 한번 은유로 만들어 볼까? 탕자가 타지방에서 방탕하다가 결국 죄를 뉘우치고 회개하여 부모가 계신 집으로 귀향했지. 자, 그럼 '회개는 다시 태어남이다'라는 은유 표현에서 먼저 '회개'와 '다시 태어남' 사이의 유사점은 뭘까?

Father: So, this time, shall we try making 'repentance', which is an abstract noun or mental noun at the word level, into a metaphor? The prodigal son was loose in other provinces and eventually repented of his crime and came back to his parents' home. Now, what is the similarity between 'repentance' and 'being reborn' in the metaphor of 'Repentance is reborn'?

서령: '과거와의 이별'? 엄마, 어때요?

Seoryoung: 'Going to part ways with the past'? Mom, how is it?

**어머니**: 그래, 좋은 발상이야. 우리 서령이 최고! 그럼, 인문아, 서로 간의 차이점은 뭘까?

**Mother (with a bright smile and laugh)**: Yeah, it's a good idea. Our daughter is the best! So, what is the difference between each other, Inmun?

**인문**: 음… 둘 다 추상명사이니 차이를 분별하는 범주 기준으로 '특성'이 어떨까요. 거기에 '시간'도 가미하면 더 좋을 것 같아요. 그래서, ≪'회개'는 '과거에 잘못한 말과 행동'이나 '다시 태어남'은 '개선된 말과 행동'이다.≫

**Inmun**: Um … What about the characteristics of the category that tell the difference because both are abstract nouns. I think it would be better to add 'time'. So, 『Repentance is wrong words and actions in the past, but rebirth is improved words and actions』.

**아버지 (손가락으로 딱 소리를 내며)**: 와아, 우리 아들 과연 똑똑하구나!

**Father (makes a crackling sound with hands)**: Wow, my son is smart!

**어머니**: 그럼, 유사점과 차이점을 순서대로 조합하여 생생한 은유로 만들어 볼게. ≪과거와 이별하는 회개는 말과 행동이 바뀐 다시 태어남이다.≫

**Mother (with a joy)**: So, I'll combine the similarities and differences in order to make it a vivid metaphor. ≪The repentance of farewell from the past is a rebirth that has changed words and actions.≫

**아버지 (기뻐서 손뼉을 치며)**: 여보, 정말 멋져요! 장남인 나도 사실 부모들이 내 동생을 더 생각하는 것으로 착각하고 탕자의 형처럼 질시한 적이 있었는데 이제 완전히 회개할게.

Father (clapping the hands in delight): Honey, it's really cool! As the eldest son, I once misunderstood my parents were thinking more about my younger brother and I was jealous like the big brother, but now I completely repent.

어머니 (진지한 태도로): 여보, 저도 당연히 탕자도 아니고 탕자의 형과도 거리가 먼 줄 알았는데 비슷해요. 이제라도 부모님께 미안해서 회개해요.

Mother (with a serious look on her face): Honey, of course, I thought I was far from the prodigal son and the big brother, but I was similar. I feel sorry and repent to my parents now.

인문: 아, 부모님께서 위대한 신앙의 결단을 하셨네요. 아무튼, 성경이 문학은 물론이고, 연극, 음악 그리고 미술과 만나 스토리텔링 구성도 탄탄해지고 생생한 비유로 더욱 선명하게 다가서니 아주 재미있어요.

**Inmun (in an excited and serious manner)**: Oh, my parents have made a wonderful decision. Anyway, the Bible meets literature, as well as plays, music and art, and the storytelling composition is solid and it is very interesting to approach more clearly with a vivid parable.

서령: 오빠, 나도 그렇게 생각해. 그리고 부모님의 신앙 결단이 저희들에게 좋은 롤모델이 되니 감사해요.

**Seoryoung (with a happy and thankful look on her face)**: Inmun, I think so. And thank you for my parents' decision to be a good role model for us.

(찬송가 305장 '나 같은 죄인 살리신' 1절이 들리며 끝난다.)

[Hymn #305, 'Amazing Grace' verse 1 is heard and ends.]

# 강도 만난자의 이웃, 선한 사마리아인
[No.2, Subject: "The Good Samaritan"]

등장인물   김 선생님(남자), 황 선생님(여자), 의사, 외국인 여학생
시기       가을
동선       한국어학당, 굿사마리탄병원
참고자료   누가복음 10:25-37

Characters (1) Mr. Kim: Korean teacher, fifty-year-old, tall and handsome, black hair;
(2) Mrs. Hwang: Korean teacher, forty-year-old, beautiful and slim, black hair;
(3) Doctor at Good Samaritan Hospital, sixty-year-old, tall and kind, grey hair;
(4) Sonya: Sri Lankan Girl student, 23-year-old, a little tall and a little black skin, pretty and brown hair

Time       Fall
Movement   Korean Language School, Good Samaritan Hospital
Reference  Gospel of Luke, Chapter:10 verse:25-37

(비발디의 '사계절 교향곡' 중 '가을'이 은은히 들리면서. 한국어학당에서 황선생님이 강의를 시작한다.)

(While hearing 'Autumn' from Vivaldi's 'Symphony of the Four Seasons', Mrs. Hwang begins with her lecture at the Korean language school.)

황선생님: 5급반 학생들 여러분, 가을학기에 만나서 반가워요. 출석 표에 여러분 이름과 국적을 보니 여러 나라에서 왔군요. 서로의 문화를 존중하면서 잘 사귀어 재미있는 한국어 공부가 되기를 바랍니다.

Mrs. Hwang: Nice to meet you in the fall semester, 5th grade students. Looking at your names and nationalities on the attendance sheet, you are from many countries. I hope you will have fun studying Korean while respecting each other's culture.

스리랑카 여학생(피부가 조금 검은): 선생님, 제가 어젯밤 아르바이트 일을 많이 했더니 너무 피곤해서 죄송해요. 공부를 계속해서 간호사가 되고 싶은데 학비를 벌어야 하거든요.

Sri Lankan female student: Teacher, I was so tired last night because I had a lot of part-time work, so I'm sorry. I want to continue studying to become a nurse, but I have to earn tuition.

황선생님: 그럼, 무리하지 말고 편하게 공부하도록 해요.

Mrs. Hwang: Then, don't work too much and feel free to study.

여학생: 선생님, 미안해요. 아랫배가 몹시 아프기 시작해요. 병원에 데려가 주세요.

Student: Teacher, I'm sorry. My stomach hurts now. Please take me to the hospital.

(황선생님이 옆반에 계신 김선생님을 불러 여학생을 차에 태우고 급히 굿사마리탄병원으로 데려간다.)

(Teacher Hwang calls Teacher Kim, who is in the class next to her, puts the girl in the car and takes her to the Good Samaritan Hospital.)

황선생님: 오늘 첫 시간은 김선생님과 저만 강의가 있어 할 수 없이 선생님께 도움을 구했어요.

Mrs. Hwang: In the first class today, only Mr. Kim and I had a lecture, so I had no choice but to seek help from you.

김선생님: 잘 하셨어요. 오늘은 저희 두 선생님이 강도 만난 자의 이웃인 선한 사마리아 사람이 되니 주께 감사합니다.

Mr. Kim: Well done. Today, we thank the Lord because we two teachers became good Samaritans, neighbors to the man who fell among robbers.

황선생님: 그래요. 참 감사하군요. 지금 현재에도 독거노인, 소년가장, 난치병 환자 등 강도 만난 자들이 우리 주변에 꽤 많아요. 결국 '선한 사마리아인' 이야기는 현대의 강도 만난 자들을 비유하는 알레고리가 되는군요. 김선생님은 장로로서 하나님 사랑이 대단하시다고 들었어요.

Mrs. Hwang: So is it. Thank you very much. Even now, there are quite a few people around us who have met robbers, such as elderly people living alone, child heads of households, and patients with incurable diseases. Ultimately, the story of the 'Good Samaritan' becomes an allegory that compares those who encounter modern-day robbers. I hear Mr. Kim as an elder, your love for God is great.

김선생님: 주께서 우리가 구원을 얻으려면 하나님을 믿는 믿음이 먼저이고 그 다음이 선행이라고 말씀하시잖아요. 지금 이 학생을 저희 어학당 근처의 굿사마리탄병원으로 데려갈게요.

Mr. Kim: The Lord says that in order for us to be saved, faith in God comes first and then good deeds. Now, I will take this student to the Good Samaritan Hospital near our language school.

(굿사마리탄병원의 의사가 여학생을 진찰한 후 두 선생님과 이야기를 나눈다.)
(The doctor at the Good Samaritan Hospital examines the female student and then talks to the two teachers.)

황선생님: 안녕하세요, 의사 선생님? 저희들은 이 학생의 한국어학당 선생님들입니다.

Mrs. Hwang: Hello, Doctor? We are teachers of this student's Korean language school.

의사: 아, 그러시군요. 빨리 데려와서 다행입니다. 환자가 과로인데다 영양이 부족하네요. 더욱이 임신한 지 4개월이 되었고요. 몸보신도 잘해야 산모나 아이가 다 건강해질 거예요.

Doctor: Oh, I see. I'm glad you brought her quickly. The patient worked too much and undernourished. Moreover, she is 4 months pregnant. If she takes good care of her body, both the mother and the child will be healthy.

김선생님: 잘 진찰해 주셔서 정말 감사합니다. 제가 책임지고 보호자 역할을 할 테니 완전히 회복하도록 도와주세요.

Mr. Kim: Thank you very much for taking care of her. I will take charge of her as a guardian, so please help her recover completely.

의사: 참으로 사랑이 많으신 선생님이군요. 저도 과거에 '국경없는의사회'에 소속되어 아프리카 차드와 수단 난민들 그리고 우크라이나와 러시아 전쟁터에 나가 부상한 군인들과 민간인들을 치료하였지요. 지금은 이렇게 굿사마리탄병원에서 무보수로 근무하니 감사하고 기쁩니다.

Doctor: You are a very loving teacher. I was a member of 'Doctors Without Borders' in the past and treated refugees from Chad and Sudan in Africa, as well as wounded soldiers and civilians on the battlefields of Ukraine and Russia. I am grateful and happy to work at the Good Samaritan Hospital without pay.

(그 사이에 여학생 환자가 눈을 뜨고 일어나 세 사람을 보고 감사의 눈물을 흘린다.)

(In the meantime, the female patient wakes up and sheds tears of gratitude when she sees the three of them.)

**여학생**: 정말 감사합니다. 저는 스리랑카에서 온 소냐라고 합니다. 앞으로 베풀어 주신 은혜를 꼭 갚고 훌륭한 간호사가 되어 저보다 힘든 이웃을 위해 열심히 살아보겠습니다.

**Student**: Thank you very much. My name is Sonya from Sri Lanka. In the future, I will definitely repay the kindness you have given me, become a great nurse, and help my neighbors who are struggling more than me.

황선생님: 빨리 일어나서 정말 다행이네. 의사 선생님께서 과로와 영양부족인 데다 임신 4개월이래. 알고 있었니?

Mrs. Hwang: I'm so glad you woke up quickly. The doctor said that you worked too much and undernourished, and you are 4 months pregnant. Did you know it?

여학생: 아이고! 부끄러워요.... 그런데 이 병원이 굿사마리탄병원이라는데 무슨 뜻이에요?

Student: Oh! I'm ashamed... But what does this hospital mean by saying it's called Good Samaritan Hospital?

김선생님: 먼저 이스라엘 역사를 좀 알아야 하니 사마리아에 관해서 설명할게. 기원전 722년 아시리아 제국에 정복된 이스라엘 주민 중 아시리아와 혼혈이 된 다른 종교를 가진 북이스라엘 자손들을 사마리아인이라고 불렀어요. 그래서 순수 유대인들이 그들을 경시하고 멀리하였지요.

Mr. Kim: First, you need to know a bit about Israel's history, so I'll explain Samaria. Among the inhabitants of Israel conquered by the Assyrian Empire in 722 BC, the descendants of northern Israel who had a different religion mixed with Assyria were called Samaritans. So the pure Jews despised and shunned them.

황선생님: 그런데도 예수께서는 정오에 물길으러 오는 사마리아 여인을 만나 자신이 영생에 이르는 샘물임을 말씀하셨어요. 그럼 누가복음 10장에 나오는 '선한 사마리아인' 이야기를 들어 볼까요.

Mrs. Hwang: Nevertheless, Jesus met a Samaritan woman who came to draw water at noon and told her that he was the fountain of water that leads to eternal life. Then, let's listen to the story of 'The Good Samaritan' in the Gospel of Luke 10.]


(예수와 한 율법교사가 호숫가 풀밭에 앉는다.)

(Jesus and a lawyer sit on the grass by the lake.)

율법교사: 선생님, 내가 무엇을 해야 영생을 얻겠습니까?

**The expert in the law**: Teacher, what must I do to inherit eternal life?

**예수**: 율법에 무엇이라고 기록하였으며, 너는 그것을 어떻게 알고 있느냐?

**Jesus**: "What is written in the Law?" "How do you read it?"

**율법교사**: 네 마음을 다하고 네 목숨을 다하고 네 힘을 다하고 네 뜻을 다하여, 주 너의 하나님을 사랑하여라 하였고, 또 네 이웃을 네 몸같이 사랑하여라 하였습니다.

**Lawyer**: "'Love the Lord your God with all your heart and with all your soul and with all your strength and with all your mind'; and, 'Love your neighbor as yourself.'"

**예수**: 네 대답이 옳다. 그대로 행하여라. 그리하면 살 것이다.

**Jesus**: "You have answered correctly," "Do this and you will live."

**율법교사**: 그러면, 내 이웃이 누구입니까?

**Lawyer**: "And who is my neighbor?"

**예수**: "어떤 사람이 예루살렘에서 여리고로 내려가다가 강도들을 만났다. 강도들이 그 옷을 벗기고 때려서, 거의 죽게 된 채로 내버려 두고 갔다.

**Jesus**: "A man was going down from Jerusalem to Jericho, when he was attacked by robbers. They stripped him of his clothes, beat him and went away, leaving him half dead.

마침 어떤 제사장이 그 길로 내려가다가 그 사람을 보고 피하여 지나갔다. (A priest happened to be going down the same road, and when he saw the man, he passed by on the other side.)

이처럼, 제사장 밑에서 종교적 일을 행사하는 레위 사람도 그곳에 이르러 그 사람을 보고, 피하여 지나갔다. (So too, a Levite who works under a priest, when he came to the place and saw him, passed by on the other side.)

그러나 어떤 사마리아 사람은 길을 가다가, 그 사람이 있는 곳에 이르러, 그를 보고 측은한 마음이 들어서, 가까이 가서, 그 상처에 올리브 기름과 포도주를 붓고 싸맨 다음에, 자기 짐승에 태워서, 여관으로 데리고 가서 돌보아 주었다. (But a Samaritan, as **he** traveled, came where the man was; and when he saw him, he took pity on him. He went to him and bandaged his wounds, pouring on oil and wine. Then he put the man on his own donkey, brought him to an inn and took care of him.)

다음날, 그는 두 데나리온을 꺼내어서, 여관 주인에게 주고, 말하기를 '이 사람을 돌보아 주십시오. 비용이 더 들면, 내가 돌아오는 길에 갚겠습니다' 하였다. (The next day he took out two denarii and gave them to the innkeeper. 'Look after him,' he said, 'and when I return, I will reimburse you for any extra expense you may have.')

너는 이 세 사람 가운데서 누가 강도 만난 사람에게 이웃이 되어 주었다고 생각하느냐?

["Which of these three do you think was a neighbor to the man who fell into the hands of robbers?"]

**율법교사**: (벽면의 그림을 가리키며} 자비를 베푼 저 사람입니다.

**Lawyer**: (pointing at the picture on the wall) "The one who had mercy on him."

**예수**: 가서, 너도 이처럼 하여라.

**Jesus**: "Go and do likewise."

김선생님: (위쪽 그림을 가리키며) 위쪽 그림은 프랑스 화가 드라크르와가 그린 '선한 사마리아인'이고 아래쪽은 네델란드 화가 반 고흐가 드라크르와의 작품을 모사하여 그린거에요.

Mr. Kim: (Pointing to the picture above) Oh, the picture above is 'The Good Samaritan' by French artist Delacroix, and the picture at the bottom is Dutch painter Van Gogh's picture imitating that of Delacroix.

의사: 반 고흐가 그린 '선한 사마리아인' 그림이 더 밝아 보이네요. 그가 은혜받아 마음이 밝아진거 같아요. 두 그림과 성경의 은유 이야기인 알레고리를 들으니 김선생님께서도 사마리아 사람처럼 착하시네요.

Doctor: Van Gogh's painting 'The Good Samaritan' looks brighter. I think he's brightened up with grace. Listening to the allegory of the Bible while looking at two paintings, Mr. Kim is also kind like a Samaritan.

김선생님: 아니에요. 의사 선생님께서는 국경과 인종을 초월한 슈바이처 박사처럼 헌신적이십니다.

Mr. Kim: No. The doctor is as devoted as Dr. Schweitzer, across national borders and races.

여학생: '착하신 김선생님은 한국의 사마리아 사람이에요.' 저의 은유 표현이 어때요?

Student: 'The kind Mr. Kim is a Korean Good Samaritan.' How do you like my metaphor?

황선생님: 어머! 멋있어. 5급 학생이 되니 생생한 은유로 표현을 멋있게 잘하네요. 그럼, 우리 의사 선생님도 생생한 은유로 표현해 볼까요. "헌신적인 굿사마리탄병원 의사 선생님은 한국의 슈바이처 박사이시다."

Mrs. Hwang: Oh! Awesome. Now that you are a 5th grade student, you are very good at expressing yourself with vivid metaphors. Then, let's express our doctor as a vivid metaphor. "A devoted doctor at the Good Samaritan Hospital is Dr. Schweitzer from Korea."

김선생님: 두 명사 사이의 차이점 범주 기준으로 시간과 장소가 다 사용되어 아주 잘 표현하셨네요. 자, 그럼 이번에는 27절에 있는 '네 이웃을 네 몸같이 사랑하여라' 라는 직유를 생생은유로 바꿔 볼까요?

Mr. Kim: You expressed it very well by using both time and place as criteria for the differences between the two nouns. Now, shall we change the simile "Love your neighbor as yourself" in verse 27 to a vivid metaphor?

여학생: 일단 은유로 바꾸면 '내 이웃은 내 몸이다'가 되겠네요. 두 사이의 유사점과 차이점을 찾아볼까요.

Student: If we turn it into a metaphor, it would be 'my neighbor is my body'. Let's find out the similarities and differences between the two.

의사: 유사점은 '소중하다'나 '사랑스럽다'가 어때요?

Doctor: How about 'precious' and 'lovely' as the similarities between the two nouns?

황선생님: 좋아요. 그럼 차이점은 '내 이웃은 떨어져 사나 내 몸은 나와 더불어 산다'이네요.이제 생생은유로 조합해 보면, '사랑스런 내 이웃은 떨어져 사는 내 분신이다'이네요.

Mrs. Hwang: Okay. Then the difference is 'My neighbors live apart and my body lives with me'. Now, combining it with a vivid metaphor, it is 'My lovely neighbor is my body living apart'.

(찬송가 220장 '사랑하는 주님 앞에'가 은은히 울려 퍼진다.)

(Hymn #220, 'In front of our beloved Lord' resonates softly.)

김선생님: 와아, 멋지군요. 황선생님, 누가복음이 다른 복음보다 문학적이라는 데 대해 어떻게 생각하세요?

Mr. Kim: Wow, that's good. Mrs. Hwang, what do you think of Luke's Gospel being more literary than other Gospels?

황선생님: '탕자의 귀향'이나 '선한 사마리아인'에 비유가 많아 대상의 본뜻을 숨기거나 주인공의 성격과 기질을 빗댄 알레고리예요. 더구나 여기 27절에서는 '네 마음을 다하고 네 목숨을 다하고 네 힘을 다하고 네 뜻을 다하여, 주 너의 하나님을 사랑하여라'라는 점증적 강조법도 표현을 확대하는 문학적 수사법입니다.

Mrs. Hwang: There are many metaphors for 'The Return of the Prodigal Son' or 'The Good Samaritan', so the allegory hide the true meaning of the subject or compare the character and temperament of the main character. Moreover, here in verse 27, the incremental emphasis, 'Love the Lord your God with all your heart, with all your soul, with all your strength, and with all your mind' is also a literary rhetoric that expands the expression.

김선생님: 아, 그렇군요. 좋은 치료 잘 받고 유익한 대화 나누어서 감사합니다. 의사 선생님, 안녕히 계세요.

Mr. Kim: Oh, that's right. I appreciate the good treatment and the fruitful conversation. Doctor, good bye.

의사 선생님: 네. 소냐는 완전히 회복하고 모두 또 만나요!

Doctor: Yes. You fully recovers and see you all again!

소냐: 네, 또 만나요. 선생님들이 믿는 하나님을 저도 더 알고 믿고 싶어요.

Student: Yes, see you again. I want to know more and believe in God the teachers believe in.

# 가나의 혼인 잔치
### (Marriage Feast at Cana)

등장인물    보미, 영민, 부, 모, 조부모
시기    화창한 봄
장소    부산 가나교회, 교회 식당, 서울 보미 집
참고자료    요한복음 2장 1-11

(보미가 식구와 함께 부산 가나교회에서 결혼하는 고모 결혼식에 참석하고 있다.)
[Bomi and her family are attending their aunt's wedding at Cana Church in Busan.]

**가나교회 담임목사**: 안녕하세요? 오늘 이 혼인 예배를 주관하는 담임목사입니다. 저희 가나교회는 예수님의 첫 번째 기적인 물이 변하여 포도주가 된 것을 기념하고자 교회 건축양식을 이스라엘 가나혼인교회처럼 지었습니다. 오늘 결혼하는 신랑과 신부는 물이 예수를 만나 그의 말씀에 순종하니 부드럽고 향기로운 포도주가 된 것처럼 새로운 질적 변화의 삶이 펼쳐지기를 바랍니다. 그럼 찬송가 136장을 다 같이 부르겠습니다.

**Pastor**: Hello? I am the senior pastor who presides over this wedding service today. The style of our Cana Church is like the Marriage Church at Cana in Israel to commemorate Jesus' first miracle, the transformation of water into wine. I hope the bride and groom who are getting married today have a new life of qualitative change, just as water became soft and fragrant wine after meeting Jesus and obeying his word. Then we will sing hymn number 136 together.

(찬송가 136장 '가나의 혼인 잔치' 1절이 들린다)

(Hymn #136, "The Wedding Feast at Cana," Verse 1 is heard.)

**할아버지**: 저쪽 오른쪽 벽에는 예수와 그의 어머니 마리아 그리고 물항아리에 물을 붓고 있는 하인의 그림이 있구나.

**Grandpa**: On the right wall there is a picture of Jesus, his mother Mary, and a servant pouring water into a jug.

**어머니**: 네. 일꾼들이 예수와 그 어머니 말씀에 기꺼이 순종하는 모습이네요.

**Mother**: Yes. It shows the workers willingly obeying the words of Jesus and his mother.

**영민**: 할아버지, 할머니, 이제 피로연에 참석하러 식당으로 가요! 저기 밝은 창가 테이블에 앉을까요?

**Youngmin**: Grandpa and Grandma, let's go to the restaurant to attend the reception! Shall we sit at the table over there by the bright window?

(베르디의 '축배의 노래'가 흐르는 가운데 가족이 창가 테이블에 자리잡는다.)

(The family take their seats at a table by the window while playing Verdi's opera "Let us drink in happy chalices".)

**아버지**: [물을 가리킨다] 이 물이 변하여 포도주가 됐다니, 우리 예수님 최고예요.

**Father**: (Pointing at water) This water has turned into wine, Jesus is the best.

**어머니**: 영국에서 가장 사랑받는 낭만파 시인 로드 바이런의 케임브리지 대학교 시절의 일화가 떠오르네요.

**Mother**: It reminds me of an anecdote about Britain's most beloved romantic poet, Lord Byron, attending Cambridge University.

**보미**: 시도 잘 쓸 뿐만 아니라 귀족 출신의 미남이어서 사교계에서 특히 많은 여성들의 흠모를 받았다고 들었어요.

**Bomi**: I heard that not only was he good at writing poems, but he was also a handsome man from an aristocratic background, so he was admired especially by many women, in social circles.

**아버지**: 보미도 바이런에 관심이 있었구나. 바이런이 3학년 신학 시험에서 "예수께서 물을 포도주로 만든 기적이 상징하는 종교적, 영적 의미를 서술하라."라는 문제가 출제되었대.

**Father**: Bomi was also interested in Byron. He was given the question "Describe the religious and spiritual meaning of Jesus' miracle of turning water into wine" in his senior theology exam.

영민: 그래서 모두 곰곰이 생각하고 열심히 답지를 써 내려갔겠네요?

Youngmin: So, I guess everyone thought it through and worked hard to write the answer?

어머니: 응, 그런데 바이런은 아니야. 곰곰이 창밖을 내다보며 묵상하다가 시험 마치기 바로 직전에 한 줄의 시구를 쓰고 나갔대. 이제 아버지께서 그 시구를 쓰실거야.

Mother: Yes, but not Byron. He looked out and meditated and wrote a line of poetry right before the exam was over and left. Now my father will write that verse.

할아버지: (다음 글씨를 영어로 쓰신다) '물이 주를 만나자, 얼굴을 붉혔도다'라는 시구로 영어로는 "Water saw its Creator and blushed."인데 시험관들이 감동하여 합격점을 줬다는구나. 자, 식사를 다 했으면 고속열차 타러 부산역으로 가자.

Father: (writes the following text in English)] "Water saw its Creator and blushed." The examiners were impressed and gave it a passing grade. Now, after eating, let's go to Busan Station to catch the high-speed train.

(가족이 집에 돌아와 안락의자에 앉아 물을 마시며 성경 요한복음 2장을 읽은 후 할아버지가 연출가로 나선다.)

(The family returns home, sits in an armchair, drinks water and reads the second chapter of the Gospel of John in the Bible, and then the grandfather acts as the director.)

할아버지: 그럼, 이제 즉흥적인 가족 드라마 한번 해보자. 예수님 역을 아비가 맡고, 어미가 마리아, 연회장은 우리 할머니, 물의 요정은 보미, 신랑은 영민이가, 그리고 일꾼은 내가 맡을게.

Grandpa: So, let's do an impromptu family drama now. Father will play the part of Jesus; mother will be Mary; grandmother, the master of the banquet ; Bomi, the water fairy; Youngmin, the groom; and I will be the worker.

(가족 드라마가 시작된다.)

(Family drama begins.)

마리아: 내 친척 결혼이라 예수와 열두 제자들도 이곳 가나에 와주어 고맙구나.

Mary: Since this is my relative's marriage, I am grateful that Jesus and the twelve disciples came here to Cana.

연회장 [서둘러 다가서며]: 어머님, 잔치가 한참인데 포도주가 떨어졌으니 어떻게 할까요?

Master of the Banquet (Hurriedly approaching): Mother, they have no more wine.

What should we do?

**마리아**: 아들, 잔치를 맡은 이가 포도주가 떨어졌다고 하는구나. 어떻게 하면 좋겠니?

**Mary**: Son, the master of the banquet says that the wine has run out. What would you like to do?

**예수**: 어머님, 그것이 나와 당신에게 무슨 상관이 있습니까? 아직도 내 때가 오지 않았습니다.

**Jesus**: Dear woman, why do you involve me? My time has not yet come.

**마리아**: [일꾼들에게], 여보게, 무엇이든지 예수가 시키는 대로 해요.

**Mary**: (To the workers), Do whatever Jesus tells you.

**일꾼**: 네. 물항아리 여섯 개를 갖다 놓겠습니다. 각 항아리에 물 두세 동이 들어갑니다.

**Worker**: Yes. I will bring you six water jars. Two or three bottles of water go into each jar.]

**예수**: 이 항아리에 물을 채워라.

**Jesus**: Fill the jars with water.

**일꾼**: 네, 물을 가득 채우겠습니다.

**Worker**: Yes, I will fill them to the brim.

**물의 요정 (물의 요정이 항아리에서 출현함)**: 주님, 저를 창조하신 주님을 뵙기 이전부터 가슴이 무척 설랬는데 막상 이렇게 뵈니 부끄러워 몸 둘 바를 모르겠어요.

**Water fairy (A water fairy emerges from a jar)**: Lord, even before I met You who created me, my heart was very excited.

**예수**: 물의 요정아, 벌써 얼굴이 꽤 붉어졌구나. 물이 인간의 생명 유지에 없어서는 안 되지. 그런데, 오늘 네가 질적으로 변화하여 포도주로 바뀌어다오.

**Jesus**: Water fairy, your face is already quite red. Water is indispensable for sustaining human life. By the way, today you change qualitatively and change into wine.

**물의 요정**: 네, 주님. 이왕이면 향이 그윽하고 맛이 부드러운 최상의 포도주로 변화시켜 주세요.

**Water fairy**: Yes, Lord. If possible, please change it into the best wine with a rich fragrance and a soft taste.

**예수**: 여봐, 일꾼들!, 이제는 물을 떠서, 잔치를 맡은 이에게 갖다주어라.

**Jesus**: Hello, workers!, now draw some out and take it to the master of the feast.

**일꾼**: 네. 분부대로 연회장님께 가져다드리겠습니다. 연회장님, 여기 포도주 가져왔습니다.

**Worker**: Yes. I will bring it to the master of the banquet as you command. Master, here's some wine.

**연회장**: (맛을 보면서) 와, 맛과 향기가 정말 좋구나! 이전 것보다 더 좋아! 새신랑, 이리 좀 와요!

**Master of the Banquet**: (Tasting) Wow, the taste and smell are so good! Better than the previous one! New bridegroom, come here!

**신랑**: 네, 연회장님. 수고가 많으십니다. 무슨 일이에요?

**Groom**: Yes, Master of the Banquet. Thank you for your hard work. What happen?

**연회장**: 누구든지 먼저 좋은 포도주를 내놓고, 손님들이 취한 후에 덜 좋은 것을 내놓는데, 그대는 이렇게 좋은 포도주를 지금까지 남겨 두었네!

**Master of the banquet**: Everyone brings out the choice wine first and then the cheaper wine after the guests have had too much to drink; but you have saved the best till now!

**신랑**: (마리아에게) 이모, 이 최상급 포도주가 어디에서 났는지 아세요?

**Groom**: (To Mary) Aunt, do you know where this finest wine comes from?

**마리아**: 글쎄.... 포도주 저장고의 가장 깊숙한 곳에 있지 않았을까? (일꾼들에게 넌지시 아무 대답도 하지 말라고 입술에 손가락을 갖다 댄다.)

**Mary**: Well...wasn't it in the deepest cave of the winery? (She puts finger to lips to instruct workers not to answer anything.)

**보미 아버지**: 주님, 저는 보다 적극적이고 합리적인 성격으로 변화시켜 주세요!

**Bomi's father**: Lord, change me into a more active and reasonable personality!

**보미 엄마**: 주님, 저는 더 느긋하고 사랑이 많은 삶이 되도록 변화시켜 주세요!

**Bomi's mom**: Lord, change me to a more relaxed and loving life!

(가족이 다같이 노래부른다: "예수님이 말씀하시니 물이 변하여 포도주 됐네 예수님 예수님 나에게도 말씀하셔서 새롭게 새롭게 변화시켜 주소서.")

(The whole family sings: "Jesus said, Jesus said, and the water was changed into wine, Jesus, Jesus, speak to me and make me new and new.")

할머니: 우리 가족의 즉흥 연극, 정말로 멋지구나!

Grandmother: Our family improvisation, really cool!

할아버지: 그럼, 오늘은 '만남은 맛남이다'로 생생비유를 만들어보자. 물의 요정인 보미가 두 명사 '만남'과 '맛남' 사이의 유사점을 말해 볼까?

Grandpa: Then, today, let's make a vivid analogy with 'Meeting is deliciousness'. Shall Bomi, the water fairy, point out the similarities between the two nouns, 'meeting' and 'deliciousness'?]

보미: 시인 바이런의 표현처럼 예수님과의 만남과 그분이 풍기는 맛남이 기대되네요. 그래서 만남과 맛남은 '설레임'이 유사점이라고 생각해요.

Bomi: As the poet Byron said, I am excited about meeting Jesus and the taste he exudes. So, I think the similarity between meeting and tasting something is 'excitement'.

아버지: 좋아. 그럼 두 명사 사이의 차이점은 뭘까요?

Father: OK! Then what's the difference between the two nouns?

할머니: 음... 둘 다 발음이 똑같아서 우리 국어의 오묘하고 깊은 맛을 느끼게 되는구나. '만남은 흥분인데 맛남은 향기롭고 달콤하다.' 어떠니?

Grandmother: Hmm... Both have the same pronunciation /mannam/, so we can feel the subtle and deep taste of our Korean language. 'The meeting is thrilling, but the taste is fragrant and sweet.' How is it?

어머니: 어머님은 정말 낭만적인 여류시인이세요. 그럼 제가 생생비유로 완성해 볼게요. '설레는 예수와의 만남은 향기롭고 달콤한 맛남이다.'

Mother: My mother is a very romantic female poet. Then I'll complete it with a vivid metaphor. 'The exciting meeting with Jesus is a fragrant and sweet taste.'

**아버지**: 그럼, 위의 생생비유를 집중해서 생각하는 나에게도 한번 적용해 볼게요. '나와의 최고의 만남은 몰입의 맛남이다.'

**Father**: Then, I will apply this parable to me, who is concentrating on thinking. 'The best meeting with me is the taste of immersion.'

**할아버지**: 정말 우리 인생을 살면서 어떤 사람을 만나 그분의 맛을 보며 사귀느냐에 따라 인생이 완전히 바뀌는 계기가 될 수 있음을 여실히 깨닫게 되었구나.

**Grandpa**: I have come to realize that life can be an opportunity to completely change depending on the kind of person we meet, taste that person, and become friends with.

제4번

# 달란트의 비유

(The parable of the Talents)

**등장인물**   서령, 인문, 여목사, 고등부 주목사, 잼보리 참가 외국인들(미국인 윌리엄, 이탈리아인 마르코, 브라질 여학생, 멕시코 여학생, 스페인 학생) 등
**시기**   여름
**장소**   교회 친교실
**참고자료**   마태복음 25장 14-30

[브라질과 멕시코 여학생이 윷놀이를 마치고 악수한 후 100여명 청중들이 있는 교회 친교실에 들어와 인터뷰 탁자 근처에 앉는다] [When the Brazilian and Mexican female students shake hands after playing yut, they enter the church fellowship hall where there are about 100 people in the audience and sit near a table for interview.]

**여목사**: 안녕하세요? 중·고등부 담당 목사입니다. 오늘 저희 교회에 2023 세계잼보리 대회에 참가했던 외국인들이 백여명 오셔서 저희 한국 전통 부채춤, 팽이치기, 제기차기와 윷놀이를 함께 해서 재미있었지요?

**Pastor Yeo**: Hello? I am a pastor in charge of high school students. Today, about a hundred foreigners who participated in the 2023 World Jamboree came to our church, and it was fun to participate in traditional Korean fan dance, spinning top, jegichagi, and Yutnori together, right?

서령: 네, 재미있게 놀면서 서로 친해지게 되었어요.

Seoryoung: Yes, we had fun and became close to each other.]

주목사: 음악과 무용은 저희 교회 연예인들을 비롯해 재능이 있는 분들이 주도해 주셨는데, '재주'를 영어로 뭐라고 할까요? 힌트를 드리면 마태복음 25장의 비유 말씀에 나와요.

Pastor Joo: Music and dance were led by talented people, including entertainers from our church. How do we say /jaeju/ in English? If I give you a hint, it comes from a parable in Matthew 25.

인문: 아, 달란트요. 그러니까 영어로는 탤런트에요. 이츠 탤런트, 이즌트 잇, 윌리엄?

Inmun: Ah, a /dalant/. So, in English it is talent. It's talent, isnt' it, William?

미국 학생 윌리엄: 맞아요. 인문이의 영어 발음이 아주 좋아요. 앞으로 영문학 교수 되겠어요.

American student William: That's right. His English pronunciation is very good. He will be an English professor in the future.

인문: 감사합니다. 칭찬받으니 아기상어처럼 춤추고 싶어요. (손을 들고 아기상어처럼 엉덩이를 서너번 흔들며 춤추자 모두 웃는다.)

Inmun: Thank you. I want to dance like a baby shark because I am praised. (He raises his hands and shake his hips three or four times just like a baby shark and everyone laughs.)

여목사: 그럼 이 달란트 비유 내용에 대해서 담임목사님께서 말씀해 주시겠습니다.

Pastor Yeo: Then, let the senior pastor talk about the parable of the talents.

(모짜르트 피아노협주곡 21번이 들리며 스크린에 다음 그림이 뜬다.)

(Mozart Piano Concerto No. 21 is heard and the following picture appears on the screen.)

주목사: 그림을 보면 여행을 떠나는 주인이 세 하인을 불러 그들의 능력에 따라 재산을 맡깁니다. 주인 역은 내가 하고, 가운데 다섯 달란트 받은 좋은 인문이가, 두 달란트 받은 종의 역은 서령이가 그리고 한 달란트 받은 종의 역은 여목사님께서

해주시겠습니다. 한 달란트는 금화 백냥으로 약 일억 원, 미국 달라로 약 7만 2천 달라에 해당합니다.

Pastor Joo: In the picture, a master going on a trip calls three servants and entrusts them with property according to their abilities. I will play the role of the master; Inmun, the servant who received five talents; Seoryoung, the servant who received two talents, and Pastor Yeo the servant who received one talent. One talent is equivalent to about 100 million won in gold coins, or about 72,000 US dollars.

주인: 내가 유럽으로 여행을 떠나기 전에 내 재산을 너희들 능력에 따라 맡길 테니 열심히 일하여 재산을 더 불리도록 하여라. 내가 돌아와서 수익을 계산하자.

Master: Before I go on a journey to Europe, I will entrust my property to you according to your abilities. Work hard to increase your wealth. Let me come back and calculate the profit.

하인들: 네. 주인님. 그럼 잘 다녀오세요!

Servants: Yes, Master. Well then, have a nice trip!

인문(다섯 달란트 받은 하인): 나는 보석과 비단 무역을 위해 수레와 배를 사러 가야지.

Inmun(Servant with five talents): I have to go buy a cart and a ship to trade in jewels and silk.

서령(두 달란트 받은 하인): 나는 오빠보다는 경영 능력이 부족한 것은 인정하지만 두 달란트도 감사해. 어쨌든 주신 시간은 우리 모두에게 공평하니까. 이제 받은 두 달란트로 모직을 만들고 올리브 기름도 짜고 포도주도 만들어서 팔아야지.

Seoryoung(Servant with two talents): I admit that I lack management skills compared to my brother, but I am also grateful for the two talents. Anyway, the time given is fair to all of us. Now, with the two talents I received, I have to make wool, press olive oil, make wine, and sell them.

여목사(한 달란트 받은 하인): (불만족해서 뾰로통하다) 왜 나는 한 달란트밖에 안 주셨지? 주인이 굳은 사람이니 이걸 잘 지키려면 땅에 숨겨 두어야지. 어서 삽을 가져와 나무 아래 땅을 파자.

**Pastor Yeo(Servant who received one talent)**: (Being sulky with dissatisfaction) Why did my master only give me one talent? He is a stubborn person, so to protect it well, I have to hide it in the ground. Let's get a shovel and dig the ground under the tree.

(드디어 주인이 여행을 마치고 돌아온다. 그리고 하인들을 불러 셈을 하게 된다.)

(Finally, the master returns from his trip. And he calls his servants to settle accounts with them.)

주인: 얘들아, 내가 돌아왔으니 셈을 하자구나.

**Master**: Guys, now that I'm back, let's settle accounts.

**인문**: 네. 주인님, 주인께서 다섯 달란트를 제게 맡기셨는데, 보십시오, 귀금속과 비단으로 해외무역을 하여 다섯 달란트를 더 벌었습니다.

**Inmun**: Yes, master, you entrusted me with five talents. See, I earned five more talents through foreign trade in precious metals and silk.

**주인**: 잘했다! 착하고 신실한 종아. 네가 적은 일에 신실하였으니, 이제 내가 많은 일을 네게 맡기겠다. 와서, 나와 함께 기쁨을 누려라. 이제 두 달란트 받은 종의 차례구나.

**Master**: Well done, good and faithful servant! You have been faithful with a few things; I will put you in charge of many things. Come and share your master's happiness! Now it is the turn of the servant who received two talents.

**서령**: 네. 주인님. 주인님께서 두 달란트를 맡기셨는데, 보십시오, 농산물 판매를 통해 두 달란트를 더 벌었습니다.

**Seoryoung**: Yes, master. You entrusted me with two talents, but see, I earned two more talents by selling agricultural products.

**주인**: 잘했다! 착하고 신실한 종아. 네가 적은 일에 신실하였으니, 이제 내가 많은 일을 네게 맡기겠다. 와서, 나와 함께 기쁨을 누려라. 이제 한 달란트 받은 종 차례구나.

**Master**: Well done, good and faithful servant! You have been faithful with a few things; I will put you in charge of many things. Come and share your master's happiness! Now it is the turn of the servant who received one talent.

**여목사**: 주인님, 저는 주인이 굳은 분이시라, 심지 않은 데서 거두시고, 뿌리지 않은 데서 모으시는 줄로 알고, 무서워하여 물러가서, 그 달란트를 땅에 숨겨 두었습니다. 보십시오, 여기에 그 돈이 있으니, 받으십시오.

**Pastor Yeo**: "Master, I knew that you are a hard man, harvesting where you have not sown and gathering where you have not scattered seed. So I was afraid and went out and hid your talent in the ground. See, here is what belongs to you."

**주인**: 악하고 게으른 종아, 너는 내가 심지 않은 데서 거두고, 뿌리지 않은 데서 모으는 줄 알았구나. 그렇다면, 너는 내 돈을 돈놀이하는 사람에게 맡겼어야 했다. 그랬더라면, 내가 와서, 내 돈에 이자를 붙여 받았을 것이다. 그에게서 그 한 달란트를 빼앗아서, 열 달란트 가진 사람에게 주어라. 가진 사람에게는 더 주어서 넘치게 하고, 갖지 못한 사람에게서는 있는 것마저 빼앗을 것이다. 이 쓸모없는 종을 바깥 어두운 데로 내쫓아라. 거기서 슬피 울며 이를 가는 일이 있을 것이다.

**Master**: You wicked, lazy servant! So you knew that I harvest where I have not sown and gather where I have not scattered seed? Well then, you should have put my money on deposit with the bankers, so that when I returned I would have received it back with interest. Take the talent from him and give it to the one who has the ten talents. For everyone who has will be given more, and he will have an abundance. Whoever does not have, even what he has will be taken from him. And throw that worthless servant outside, into the darkness, where there will be weeping and gnashing of teeth.

**여목사**: (무릎을 꿇고 두 손으로 빌며 간절하게 외친다) 주인님, 저의 불순종을 제발 한 번만 용서하여 주십시오!

**Pastor Yeo**: (She knelt down, prayed with both hands, and cried earnestly) Master, please forgive my disobedience just once!

**서령**: 주인님, 제 친구가 저렇게 회개하고 용서를 비니 부디 용서하여 주십시오. 나머지 저희 둘이 친구를 도와 자본금을 더 투입하고 부지런히 일하여 이윤을 남길게요.

**Seoryoung**: Master, please forgive my friend since he repented and asked for forgiveness. The other two of us will help him and we invest more capital and work diligently to make a profit.

**인문**: 네 주인님. "눈에는 눈, 이에는 이"라는 보복 전략보다 한 번의 배신은 보복하지 않고 용서하는 '관대한 맞대응 전략'이 더 좋게 여겨집니다. 저희 셋이 미래를 위해 굳게 협력하겠습니다.

**Inmun**: Yes, master. Rather than the tit-for-tat strategy of "an eye for an eye, a tooth for a tooth," a "generous tit-for-tat strategy" that forgives a single betrayal without retaliating is considered better. The three of us will work together firmly for the future.

**주인**: 너희들 뜻이 정 그러하다면 평화로운 조화를 위해 가장 강력한 '관대한 적응 전략'을 써보기로 하자.

**Master**: If that is what you mean, let's try the most powerful 'generous tit-for-tat strategy' for peaceful harmony.

**여목사**: (큰 절을 올린다) 주인님, 형님들, 관대히 용서해 주셔서 감사합니다.

**Pastor Yeo**: (bows deeply) Master and brothers, thank you for your generous forgiveness.

(청중들이 박수를 치며 환호하자 주목사께서 마이크를 잡고 회의를 주재한다.)

(As the audience applauds and cheers, the main speaker takes the microphone and presides over the meeting.)

**주목사**: 여러분, 먼저 경제학 측면에서 달란트 비유를 비춰보겠습니다. 이 비유 속에서 1세기 당시에 자본주의 체제의 시작을 느낄 수 있었나요?

**Pastor Joo**: Everyone, first, let's look at the parable of the talents from an economics perspective. In this parable, could you sense the beginnings of the capitalist system in the first century?

**이탈리아 학생 마르코**: 네. 재화의 사적 소유권을 개인에게 인정하고 이윤 추구하는 데서 자본주의 냄새가 납니다. 경제학사 흐름을 보면 13세기에 이탈리아 베네치아를 중심으로 시장 경제가 활발히 일어났고 그 다음 네델란드, 영국 (스크린에 유럽 세 나라와 미국이 차례대로 뜬다) 그리고 20세기에는 미국으로 옮겨갔는데 막상 성경을 보니 벌써 1세기부터 중동에서 자본주의 태동이 시작되었군요.

**Italian student Marco**: Yes. There is a whiff of capitalism in the recognition of private ownership of goods by individuals and the pursuit of profit. If you look at the history of economics, the market economy was active in Venice, Italy in the 13th century, then moved to the Netherlands, England, and the United States in the 20th century. If you look at the Bible, you can see that the birth of capitalism began in the Middle East from the 1st century.

**여목사**: 그래서 우리가 성경을 예리하게 잘 분석하면 경제학이나 언어학 지식 등도 더 완벽하게 보완될 거로 생각해요.

**Pastor Yeo**: So, I think that if we analyze the Bible keenly, our knowledge of economics, linguistics and so on will be more perfectly complemented.

**주목사**: 이번에는 신학적 측면에서 이 달란트 비유를 비춰보겠습니다. 한 달란트 받은 종이 저지른 잘못은 무엇이라고 생각하세요?

**Pastor Joo**: This time, let's look at the parable of the talents from a theological perspective. What do you think the one-talent servant did wrong?

**인문**: 한 달란트 받은 종은 그게 적다고 불평하며 적은 것에 감사하지 않았고 주인의 성격과 뜻을 오해한 것입니다.

**Inmun**: He complained that it was too little, was not grateful for that little, and misunderstood the personality and intentions of his master.

**주목사**: 맞습니다. 감사가 없으니 불순종하였지요. 달란트를 은사 내지 재능으로 여기는 크리스천이 있는데 여목사님은 어떻게 생각하세요?

**Pastor Joo**: That's right. Because there was no gratitude, he disobeyed. There are Christians who consider talents to be gifts or talents. What do you think, Pastor Yeo?

**여목사**: 사실상 달란트를 영어로 '탤런트'라고 발음하다 보니 이성, 학식 등의 역량으로 이해되고 있습니다. 그러나 달란트는 성령의 은혜로 맺을 신앙적 열매라고 보아야겠지요. 그래야 성경 말씀대로 천국을 유업으로 받을 수 있으니까요.

**Pastor Yeo**: In fact, talent is pronounced as /talant/ in English, so it is understood as abilities such as reason and knowledge. However, I should say that talent is a religious fruit to be borne by the grace of the Holy Spirit. Only then can we inherit heaven as the Bible says.

**주목사**: 윌리엄, 한 달란트 받은 종이 용서를 빌자 나머지 두 종들이 같이 탄원을 하였는데 어떻게 생각하세요?

**Pastor**: William, when the servant with one talent asked for forgiveness, the other two servants also petitioned. What do you think?

**윌리엄**: 네, 의리있고 사랑이 많아요. '이에는 이, 눈에는 눈' 전략은 우크라이나에서 태어나 캐나다에 거주하던 아나톨 라포포트 시카고대학교 교수가 제안한 '맞대응 전략'인데 61개의 다른 전략들을 압도했어요. 그러나 크리스천에게는 '관대한 맞대응 전략'이 평화로운 조화를 유지하고 미래를 내다보는 더 슬기로운 전략이라고 여겨집니다.

**William**: Yes, they are loyal and loving. The 'tooth for a tooth, an eye for an eye'strategy emerged from the results of the 'tit-for-tat strategy' proposed by Anatol Rapoport, a Ukrainian born who lived in Canada and served as a professor at the University of Chicago, which outperformed 61 other strategies. However, for Christians, the 'generous tit-for-tat strategy' is considered a wiser strategy to maintain peaceful harmony and look to the future.

**주목사**: 그럼 주제어인 달란트로 생생한 비유를 만들어 볼까요? '달란트는 감사와 순종이다'에서 '달란트'와 '감사와 순종' 사이의 유사점은 무엇일까요?

**Pastor**: Then, shall we make a vivid parable using the key word 'talent'? In 'Talent is obedience of gratitude', what is the similarity between 'talent' and 'obedience of gratitude'?

**서령**: 목사님, 둘 다 '하나님께서 허락하신 선물'인 것 같아요.

**Seoryeong**: Pastor, I think both are 'gifts granted by God.'

**마르코**: 네. 맞아요. 주인이 하나님으로 비유되어 종들의 재능에 따라 돈을 주신거니 감사하고 순종하며 일해야 한다고 생각해요.

**Marco**: Yes. that's right. Since the master is compared to God and gives money according to the talents of his servants, I think we should be thankful and obey and work.

**주목사**: 그럼 인문, 두 사이의 차이점은 무엇일까?

**Pastor Joo**: Then, Inmun, what is the difference between the two?

**인문**: [곰곰히 생각에 잠기며] 음.... 원인과 결과 그리고 특성을 범주 기준으로 비교해

보면 "달란트는 눈에 보이는 재화이나 감사와 순종은 눈에 안보이는 근면의 열매"라고 여겨져요.

**Inmun**: (Thinking deeply) Hmm.... If we compare cause, effect, and characteristics on a categorical basis, it is considered that "Talents are visible goods, but gratitude and obedience are the invisible fruits of hard work."

**여목사**: 너희들 멋있는 분석과 비교를 참 잘하네. 그럼 유사점과 차이점을 한정어로 삼아 조합해 보자. '하나님의 선물인 달란트는 감사와 순종이다'. 어때요?

**Pastor Yeo**: You guys are really good at analyzing and comparing. Now, let's combine the similarities and differences using qualifiers. 'Talent, a gift from God, is the gratitude and obedience.' how is it?

**주목사**: 정말 좋아요! 모두 수고하셨어요. 진지한 토의에 감사합니다. 그럼 아까 잠깐 춤을 춘 브라질, 스페인, 멕시코 학생들이 나와 라팔로마 음악에 맞춰 춤을 마무리하겠습니다.

**Pastor Joo**: I really like it! Thank you all for your hard work. I appreciate you for the serious discussion. Then, the Brazilian, Spanish, and Mexican students who danced briefly earlier will finish their latin dance.

(세 학생들이 나와 라팔로마 라틴음악에 맞춰 춤을 추자, 시청자들이 박수로 화답한다.)

(The three students come out and dance to La Paloma, and viewers respond with applause.)

# 네 가지 땅에 떨어진 씨

[Seeds that have fallen to four soils], '뿌려진 씨는 예수이다'

등장인물   선교사, 서령, 인문, 부모
시기        봄
장소        제주도 수련원의 정원

(서령과 인문 그리고 부모가 제주도 남쪽 서귀포시 교외에 있는 수련원에 도착한다. 그러자 수련원에 와 계신 홍선교사가 나와 반갑게 맞이한다.)

Seoryoung, Inmun, and their parents arrive at a training center on the outskirts of Seogwipo City, south of Jeju Island. Then, Missionary Hong, who is at the training center, comes out and greets them warmly.

**선교사**: (손을 흔들어 인사한다) 안녕하세요? 어서 오세요. 저기 정원 안의 벤치로 가시지요.

**Missionary**: (Waves hand in greeting) Hello? welcome. Please go to the bench in the garden over there.

**아버지**: 네, 선교사님. 감사합니다.

**Father**: Yes, missionary. Thank you

**어머니**: 수련원 주변 경치가 매우 목가적이군요. 멀리 한라산을 배경으로 가까이 시냇물도 흐르고 검은 돌담 안쪽에는 황금색 귤도 많고 밭에는 시금치와 당근도 자라고요. (비발디의 사계 심포니 중 '봄'이 힘차게 울려 퍼지며 성경 읽을 때는 점점 약해진다.)

Mother: The scenery around the training center is very idyllic. A stream flows nearby with Halla Mountain in the distance, there are many golden tangerines inside the black stone wall, and spinach and carrots grow in the fields. (The song 'Spring' from Vivaldi's Four Seasons Symphony resonates powerfully and becomes weaker when reading the Bible.)

서령: 저기 노란 귤은 제법 큰데 그 옆에 가시가 달린 나무들의 열매는 뭐예요?

Seoryoung: The yellow tangerine over there is quite big. What are the fruits on the thorny trees next to it?

선교사: 탱자나무란다. 그 열매는 유자보다 좀 더 시큼하지. 줄기에 가시가 달려서 딸 때 찔리지 않도록 조심해야 해.

Missionary: It's a trifoliate orange tree. The fruit is a little more sour than a citron. There are thorns on the stem, so you have to be careful not to get pricked when picking them.

인문: 우리나라 토양과 선교사님이 계셨던 중동지방과의 차이가 무엇인가요?

Inmun: What is the difference between the soil of our country and the Middle East where missionaries were located?

선교사: 내가 찍은 사진을 보면서 설명할게. 우리나라는 황토가 풍부하여 동서 방향의 밭이랑을 만든 후에 파종해. 그런데 중동지방은 척박한 현무암 지대여서 고른 토양 확보가 쉽지 않지. 다음 사진을 봐. 위 것은 길과 바위가 있는 광야 지역이고 아래는 가시덤불 토양이지.

Missionary: I will explain while looking at the photos I took. Our country is rich in red clay, so sowing is done after making furrows in the east-west direction. However, the Middle East is a barren basalt region, so it is not easy to secure even soil. Look at the next picture. The one above is a wilderness area with roads and rocks, and the one below is thorny soil.

[길과 바위가 있는 광야] [Wilderness area with roads and rocks]

[가시덤불 토양] [Thorny soil]

**서령**: 아, 그래서 성경에 나오는 '네 가지 땅에 떨어진 씨 비유' 이야기는 이런 토양과 연관되는군요.

**Seoryoung**: Ah, so the story of 'the parable of the seed that fell on four types of soil' in the Bible is related to this type of soil.

**어머니**: 맞아, 서령. 여보, 길 가, 바위, 가시덤불 그리고 좋은 땅에 떨어진 씨이지요?

**Mother**: That's right, Seoryoung. Honey, it's the seed that fell on the roadside, on the rocks, on the thorns, and on the good soil, right?

**아버지**: 그래요. 우리는 지금까지 우리가 사는 우리나라 토양만 생각하고 씨보다는 땅에 초점을 맞춰 비유를 이해했지. "씨는 하나님의 말씀인 바 이 말씀이 결실하려면 우리의 마음이 길가나 바위나 가시덤불이 되지 않고 오직 옥토가 되도록 준비하라!"는 거였지.

**Father**: Yes. Until now, we have only thought about the soil of our country and understood the parable by focusing on the land rather than the seed. "The seed is the word of God. In order for this word to bear fruit, we must prepare our hearts so that they do not become roadsides, rocks, or thorns, but only fertile soil!"

**인문**: 사진 속의 길가를 보니 사람들이 많이 지나가 씨앗이 밟혀 뭉개지겠고, 바위는 단단해 뿌리내리기가 어려워 타버리겠고, 가시덤불은 씨앗에서 싹튼 여린 풀을 찌르고 햇빛을 가려 잘 자라지 못하게 할 것 같아요.

**Inmun**: Looking at the roadside in the photo, I think a lot of people will pass by and the seeds will be trampled and crushed, the rocks are hard and will make it difficult for them to take root, so they will burn, and the thorns will sting the delicate grass that sprouted from the seeds and block sunlight, preventing them from growing well.

**선교사**: 아주 잘 보았다. 그래서 성경 비유 말씀을 단순히 언어표현 맥락에서만 볼 게 아니라 예수님 당시인 1세기의 문화적 맥락 측면에서도 비춰보아야만 그 참모습을 이해할 수 있다고 생각해. 그래서 지리적 특성과 파종 방식을 고려하여 이 비유도 이해해 보자꾸나. 일단 우리가 마가복음 4장 1절에서 9절을 읽는데 내가 먼저 1절을 읽을 테니 나머지는 서령부터 시작해 아버지까지 한 절씩 나

뉘 읽어요.

**Missionary**: You saw it very well. So, I think that we can only understand the true nature of Bible parables not only by looking at them in the context of verbal expressions, but also in the cultural context of the first century at the time of Jesus. So, let's try to understand this parable by considering geographical characteristics and sowing methods. First of all, we will read Mark 4:1-9. I will read verse 1 first, and the rest will read one verse at a time, starting from Seoryoung to father.

"예수께서 다시 바닷가에서 가르치기 시작하셨다. 매우 큰 무리가 모여드니, 예수께서는 배에 오르셔서, 바다 쪽에 앉으셨다. 무리는 모두 바닷가 뭍에 있었다."
[Again Jesus began to teach by the lake. The crowd that gathered around him was so large that he got into a boat and sat in it out on the lake, while all the people were along the shore at the water's edge.]

서령: "예수께서 비유로 여러 가지를 가르치셨는데, 가르치면서 그들에게 이렇게 말씀하셨다."

**Seoryoung**: He taught them many things by parables, and in his teaching said:

인문: "잘 들어라. 씨를 뿌리는 사람이 씨를 뿌리러 나갔다."

**Inmun**: Listen! A farmer went out to sow his seed.

어머니: "그가 씨를 뿌리는데, 더러는 길가에 떨어지니, 새들이 와서 그것을 쪼아 먹었다."

**Mother**: As he was scattering the seed, some fell along the path, and the birds came and ate it up.

아버지: "또 더러는 흙이 많지 않은 돌 짝 밭에 떨어지니, 흙이 깊지 않으므로 싹은 곧 나왔지만,"

**Father**: Some fell on rocky places, where it did not have much soil. It sprang up quickly, because the soil was shallow.

서령: "해가 뜨자 타버리고, 뿌리가 없어서 말라버렸다."

**Seoryoung**: But when the sun came up, the plants were scorched, and they withered because they had no root."

**인문**: "또 더러는 가시덤불 속에 떨어지니, 가시덤불이 자라 그 기운을 막아 버려서, 열매를 맺지 못하였다."

**Inmun**: Other seed fell among thorns, which grew up and choked the plants, so that they did not bear grain.

**어머니**: "그런데 더러는 좋은 땅에 떨어져서, 싹이 나고, 자라서, 열매를 맺었다. 그리하여 삼십 배, 육십 배, 백 배가 되었다."

**Mother**: Still other seed fell on good soil. It came up, grew and produced a crop, multiplying thirty, sixty, or even a hundred times.

**아버지**: "예수께서 덧붙여서 말씀하셨다. '들을 귀가 있는 사람은 들어라.'"

**Father**: Then Jesus said, "He who has ears to hear, let him hear."

**선교사**: 이렇게 '씨뿌리는 사람의 비유'라는 소제목으로 읽었는데 마태복음 13장에도 같은 제목으로 기록되어 있습니다.

**Missionary**: I read it under the subheading 'Parable of the Sower,' and it is also recorded under the same title in Chapter 13 of the Gospel of Matthew.

**어머니**: 선교사님, 사진의 토양을 보면 그 당시 이스라엘 농부가 씨를 뿌릴 때 땅을 선택하지 않고 아무 곳이나 전체적으로 우선 파종 후 쇠고랑으로 갈아엎었겠네요?

**Mother**: Missionary, looking at the soil in the photo, it would seem that the Israeli farmers at that time did not select the land when sowing seeds, but first sowed the entire area and then plowed it with iron bars.

**선교사**: 네, 그렇습니다. 씨는 결코 떨어지는 땅을 제한하거나 선택하지 않습니다. 그 결과 파종 대비 예측할 수 있는 수확을 기대하기 힘들었으며 한마디로 불확실한 미래를 향하여 씨가 내던져졌지요.

**Missionary**: Yes, that's right. The seed never limits or selects the ground on which it falls. As a result, it was difficult to expect a predictable harvest compared to sowing, and in short, the seeds were thrown toward an uncertain future.

아버지: 아! 주께서 깨달음을 주시는데, 척박한 세 종류 땅은 결국 예수님의 십자가 고난을 상징한다고 여겨져요. 새가 씨를 쪼아 먹은 것은 야유와 채찍을 맞음이고, 태워지고 말라버린 것은 십자가 위의 목마름이고, 가시면류관을 쓰신 것은 가시덤불의 기운을 막아 찌르는 고통과 시련이라고 생각돼요.

Father: Ah! The Lord gives me enlightenment, and the three types of barren land are ultimately thought to symbolize Jesus' suffering on the cross. I think that the birds pecking at the seeds were booing and being whipped, that being burned and dried was the thirst on the cross, and that wearing the crown of thorns was the pain and ordeal of being stung by blocking the energy of the thorn bush.

서령: 할아버지께서 암수술 후 병문안 간 저희들에게 말씀하신 게 기억나요. 수술 상처 고통 때문에 너무 아프시고 목도 마르나 물을 마실 수 없어, 십자가를 지신 예수님을 생각하시며 잘 참아내셨다고 했어요.

Seoryoung: I remember what my grandfather told us when we visited the hospital after cancer surgery. He said he was so much sick due to the pain from the surgery wound and was so thirsty that he couldn't drink water, so he endured it well while thinking of Jesus carrying the cross.

어머니: 선교사님과 당신 말씀을 듣고 보니 예수께서 이 땅에 오신 이유를 더욱 분명히 깨닫게 되었어요. 삼켜지고 썩어지고 소멸한 씨앗이 다시 싹을 틔우고 자라서 예수 부활 생명의 꽃밭을 만드신다는 거네요. 이게 바로 감추어진 보화 즉, 귀한 천국 복음의 씨앗이군요.

Mother: After listening to the missionary and your words, I realized more clearly why Jesus came to this earth. The seeds that have been swallowed, rotted, and destroyed sprout again and grow, creating a flower garden of life through the resurrection of Jesus. This is the hidden treasure, the precious seed of the gospel of heaven.

인문: 이렇게 씨에 초점을 맞춰 보니 씨앗이 싹을 틔워 꽃을 내었기에 그곳이 결국 옥토가 된 거네요.

Inmun: Focusing on the seeds, I realized that the seeds sprouted and produced flowers, which ultimately became fertile soil.

선교사: 그렇구나. 길가나 바위나 가시덤불 같은 척박한 땅에도 꽃을 피워내어 우리를 좋은 밭으로 만드시니 정말 기쁘고 감사하구나.

Missionary: I see. I am so happy and grateful that God makes flowers bloom even on barren land, such as roadsides, rocks, and thorns, and turns it into a good field for us.

서령: 이렇게 비유를 다양한 시각으로 바라보고 마음껏 상상하여 각자의 의견을 말할 수 있는 게 '생생비유' 만들기의 큰 장점이 아닐까요?

Seoryoung: Isn't the great advantage of making a 'vivid metaphor' that you can look at the parable from various perspectives, imagine freely, and express your own opinions?

선교사: 그래. 전적으로 공감이 돼. '생생비유' 만들기는 모든 사람의 인격과 개성을 존

중하고 인정하는 감성적이고 창의적인 교육매체야.

Missionary: Yes. I totally agree. Making 'vivid metaphors' is an emotional and creative educational medium that respects and acknowledges everyone's personality and individuality.

서령: 우리 마음에 예수를 심으시는 일을 하시는 분이 결국 하나님이시네요.

Seoryoung: Ultimately, it is God who plants Jesus in our hearts.

어머니: 그렇구나. 지금까지 '네 가지 땅에 떨어진 씨 비유'를 살펴보았는데 초점이 된 핵심어는 '씨'구나. 그러면 '뿌려진 씨는 예수이다'로 생생비유를 만들어 보자. 먼저 '씨'와 '예수' 사이의 유사점은 무엇일까?

Mother: I see. So far, we have looked at the 'parable of the four seeds that fell to the ground,' and the key word that has been the focus is 'seed.' Then, let's make a living metaphor with 'The seed sown is Jesus.' First, what are the similarities between the 'seed' and 'Jesus'?

서령: 둘 다 어디에나 뿌려지고, 심어지니 '공평함'이나 '신실함'이 어때요?

Seoryoung: Since both are sown and planted everywhere, how about 'fairness' and 'faithfulness'?

어머니: 그것도 좋구나.

Mother: That's good too.

아버지: 너희 할아버지께서도 수술 후 상처가 주는 고통과 타는 목마름으로 인해 예수의 십자가 고통을 생각하시며 참아내셨는데, '척박한 땅의 고통스러움'도 추가할 수 있겠구나.

Father: Your grandfather also endured the pain of his wounds and burning thirst after surgery, thinking of Jesus' suffering on the cross, and I could also add the 'pain of the barren land.'

선교사: 좋아요. 그러면, 두 사이의 차이점은 무얼까?

Missionary: Okay. So, what is the difference between the two?

서령: 행위자를 기준으로 보면 '씨는 농부가 뿌리나 예수의 말씀은 우리 크리스천이 심는다.'

Seoryoung: In terms of actors, 'the seed is sown by the farmer, but the words of Jesus are planted by us Christians.'

인문: 저도 시기를 기준으로 추가하면 '씨는 파종 시절인 봄에 뿌리나 예수 말씀은 사계절 내내 뿌린다.'

Inmun: If I also add based on the time period, 'Seeds are sown in the spring, which is the planting season, but the words of Jesus are sown throughout the four seasons.'

아버지: 그러면 유사점을 핵심어 앞에 그리고 차이점을 핵심어 뒤에 다음과 같이 위치시켜 볼게. '공평하게 뿌려진 씨는 농부가 파종 시에 뿌린 예수 말씀이다.'

Father: Then, I will place the similarities before the key words and the differences after the key words as follows. 'The seeds sown fairly are the words of Jesus that the farmer sows at the time of sowing.'

어머니: 저도 추가해 볼게요. '신실하게 뿌려진 씨는 봄에 심은 천국 복음이다.' (슈베르트의 '숭어' 곡이 울려 퍼진다). 여보, 아까 당신이 제시한 유사점으로도 생생비유를 만들어 보세요.

Mother: I will add it too. 'The seed sown faithfully is the gospel of heaven planted in spring.' (Schubert's 'Mullet' song resonates). Sweetie, try making a vivid analogy using the similarity you presented earlier.

아버지: 그래요. "척박한 땅에 던져진 고통의 씨는 예수 파종이다."

Father: Yes. "The seed of suffering thrown into barren land is the sowing of Jesus."

선교사: 모두 멋져요! 천국 복음 씨앗은 인종 차별 없이 온 세상에 파종되어 신비하고 아름다운 꽃밭을 이룰 거예요. 그런 의미에서 이 꽃밭의 정원에서 맛있게 점심 식사를 합시다.

Missionary: Everyone is great! The seeds of the gospel of heaven will be sown throughout the world without racial discrimination, forming a mysterious and beautiful flower garden. In that sense, let's have a delicious lunch in this flower garden.

모두 다함께: 네. 감사히 잘 먹겠습니다.

All together: Yes. Thank you. I will eat well.

## 포도원 주인과 일꾼들의 비유

(The Parable of Vineyard Owner and His Workers)

[보미 가족과 서령 가족이 승합차를 타고 경기도 안성 포도원에 도착한다]
(Bomi's family and Seoryoung's family arrive at the vineyard in Anseong, Gyeonggi-do in a van.)

**포도원 주인**: 안녕하세요?저기 등나무 아래로 가시지요.

**Vineyard owner**: Hello? Please go under the wisteria over there.

**보미 아빠, 서령 아빠**: 네. 안녕하세요? 감사합니다.

**Bomi's father, Seoryoung's father**: Yes. Hello? Thank you.

(여덟 명이 등나무 아래 의자에 앉자 주인이 묻는다.)

(As the eight peolple sit on chairs under the wisteria, the owner asks.)

**안성 포도원 주인**: 청포도와 검정포도 수확 체험을 조금하신 후 이곳에서 시식을 해보시는 것이 어떨까요?

**Anseong Vineyard Owner**: How about having a little experience harvesting white and black grapes and then tasting them here?

**서령 엄마**: 좋아요. 어머! 싱싱한 청포도가 탐스럽게 익었어요. 여고 시절 읊곤 했던 이육사 시인의 '청포도' 시가 떠올라요/

**Seoryoung's mother**: Okey. Oh! The fresh green grapes look ripe and delicious. It reminds me of the poem 'Green Grapes' by poet Lee Yuk-sa, which I used to recite during my high school days.

보미 엄마: 제가 먼저 읊어 볼게요. '내 고장 칠월은 청포도가 익어가는 시절… 이 마을 전설이 주저리주저리 열리고 먼데 하늘이 꿈꾸며 알알이 들어와 박혀… 하늘 밑 푸른 바다가 가슴을 열고 흰 돛단배가 곱게 밀려서 오면…'

Bomi's mom: I'll recite it first. 'July in my hometown is the time when green grapes ripen… The legend of this village opens here and there, and the sky from afar comes in dreamily and sticks in… When the blue sea under the sky opens its chest and a white sailboat gently pushes in…'

서령 엄마: (같이 합세하며) '내가 바라는 손님은 고달픈 몸으로 청포를 입고 찾아 온다고 했으니… 내 그를 맞아 이 포도를 따먹으면 두 손은 함뿍 적셔도 좋으련… 아이야 우리 식탁엔 은쟁반에 하얀 모시수건을 마련해 두렴'

Seoryoung's mother: (Joining together) 'The guest I'm hoping for is said to come to me wearing a blue robe with a tired body… If I pick these grapes to greet him and eat them, I hope I can wet my hands… Baby, let's do it. Please prepare a silver tray and a white ramie towel at the table.'

보미 엄마: 이 시를 읊으니 향수를 불러 일으켜 평화스럽고 풍요로운 어린 시절로 달려 가네요.

Bomi's mother: As I recite this poem together, I feel nostalgic and rush back to my peaceful and prosperous childhood.

안성 포도원 주인: 저기 저희 일꾼들이 9시부터 와서 저녁 6시까지 일하고 있어요. 우리도 같이 일해 볼까요?

Vineyard Owner: Our workers come from 9 am and work until 6 pm. Let's work together.

보미 아빠: 네. 저분들의 일당은 얼마나 드리나요?

Bomi's father: Yes. How much do you give them daily wages?

안성 포도원 주인: 십만 원 드립니다. 성경 속 포도원 주인은 일 마감하기 한 시간 전에 온 일꾼도 똑같은 일당을 주기에 저도 수고 시간 양보다는 공평한 은혜로 계산하고 싶습니다.

Vineyard Owner: I will give them 100,000 won. In the Bible, the vineyard owner gives the same daily wage to workers who arrive an hour before closing, so I also want to calculate it by fair grace rather than the amount of hard work.

서령 아빠: 아, 그러시다니 하나님의 뜻대로 친절을 베푸시네요. 그럼 우리 마태복음 20장에 나오는 '포도원의 주인과 일꾼들의 비유' 이야기를 살펴보면 어떨까요?

Seoryouyng's father: Oh, I see you are kind according to God's will. So, how about looking at the story of 'The Parable of the Vineyard Owner and His Workers' in chapter 20 of the Gospel of Mtthew?

아이들: 좋아요. 이 안성 포도원에 와서 이스라엘 포도원 주인과 일꾼 이야기를 들을

수 있어 정말 딱 안성맞춤이에요!

**Children**: Okey! It's really great to come to this Anseong vineyard and hear the stories of the Israeli vineyard owner and workers. It's a perfect fit.

(이른 아침 6시 {당시 이스라엘의 시간으로는 영시에 해당함}에 포도원 주인이 품꾼들을 구하러 인력시장에 도착한다.)

(Early at 6 o'clock in the morning {it's equivalent to zero o'clock in Israeli time at that time}, the vineyard owner arrives at the labor market to look for workers.)

**포도원 주인**: (두 일꾼들에게 다가가) 안녕하세요? 내 포도원에 가 오후 6시까지 일하면 한 데나리온의 일당 (=약 십만 원, 미화 약 80달라)을 지급하겠소.

**Vineyard Owner**: (Approaches the two workers) Hello? If you go to my vineyard and work until 6 pm, I will pay you a daily wage of one denarius (=about 100,000 won, about 80 USD).

**품꾼**: 네, 감사합니다. 열심히 일하겠습니다.

**Worker**: Yes, thank you. I will work hard.

**포도원 주인**: 갑시다. 잘 부탁해요. 그런데 일꾼이 더 필요해. 9시 {이스라엘 시간으로는 제3시}에 또 와 보자.

**Vineyard owner**: Let's go. I will leave it up to you. As we need more workers, let's come again at 9 o'clock {3 o'clock in Israli time}.

(포도원 주인이 9시에 장터에 나가 놀고 서 있는 사람들을 또 만난다)

(The vineyard owner goes to the market at 9 o'clock and saw others in the marketplace doing nothing.)

**품꾼들**: 아, 포도원 주인님. 안녕하세요? 저희들에게 주실 일거리가 있나요?

**[Hired workers]** Ah, vineyard owner. Hello? Do you have any work for us?

**포도원 주인**: 그래요. 포도원에 들어가 일하면 하루 일당 상당액을 주겠소. 자, 갑시다.

**Vineyard owner**: Yes. You also go and work in my vineyard, and I will pay you whatever is right.

(정오와 오후 3시에도 그와 같이 하고 오후 5시인 마감 한 시간 전에도 나가본다.)

(He does the same thing at noon and 3 pm, and he also trys to go out an hour before the closing time at 5 pm.)

포도원 주인: 아니, 당신들은 어찌하여 종일토록 놀고 서 있습니까?

Vineyard owner: Why have you been standing around here all day long doing nothing?

품꾼들: 저희들은 몸이 좀 불편하니 품꾼으로 쓰는 이가 없습니다. 주인님, 제 식솔들을 먹여 살려야 하니 일하도록 기회 좀 주세요!

Workers: Since we are a bit unwell, there is no one to hire us as hired hands. Master, I have to feed my family, so please give me a chance to work!

포도원 주인: 일하려는 의지가 좋구나! 너희들도 포도원에 들어가라.

Vineyard owner: Your will to work is good! You also go into the vineyard!

(날이 저물어 주인이 청지기를 부르고 품삯을 주도록 한다.)

(As the sun sets, the owner calls the steward and asks him to pay the wages.)

청지기: 나중 온 자부터 시작하여 먼저 온 자까지 삯을 주겠소. 자, 오후 5시에 온 분들 나오세요.

Steward: I will pay you your wages, beginning with the last ones hired and going on to the first.

**오후 5시 일꾼들**: 네, 주인님.

**5 pm Workers**: Yes, master.

**청지기**: 일당 한 데나리온이요.

**Steward**: One denarius per day.

**오후 5시 일꾼들**: 감사합니다. 주인님, 가장으로서 식구들에게 기쁨을 주게 됐습니다.

**5 pm Workers**: Thank you, master. As the head of the household, I am able to bring joy to my family.

**청지기**: 이제 오후 3시에 오신 분들 나오세요. 여기 한 데나리온이 있습니다.

**Steward**: Now, those of you who came at 3 pm., please come out. Here is a denarius.

오후 3시 일꾼들: (깜짝 놀라며) 아니, 한 데나리온 뿐이에요?

3 pm workers: (Surprise) No, it's only one denarius?

주인: 그렇소. 이른 아침부터 온 분들도 마찬가지로 한 데나리온입니다.

Owner: That's right. For those who came early in the morning, it is also one denarius.

이른 아침 일꾼들: 한 시간밖에 일하지 않은 사람도 한 데나리온, 저희처럼 종일 수고하며 더위를 견디며 더 수고했는데도 한 데나리온이니 너무 불공평하지 않나요?

Early morning workers: Isn't it so unfair that people who only worked for one hour get one denarius, and even though who worked hard all day and endured the heat, we still get one denarius?

청지기: 여보게, 우리 주인이 잘못한 것이 없네. 네가 일당으로 한 데나리온을 받기로 약속하지 않았는가?

Steward: You guys, my master is not being unfair to you. Didn't you agree to work for a denarius as a daily wage?

주인: 그래, 이제 당신 것을 가지고 가게나. 나중 온 사람에게 너와 같이 주는 것이 내 뜻이네. 내 것을 가지고 내 뜻대로 하겠네. 내가 선하므로 부러워하느냐? 이와 같이 나중 된 자로서 먼저 되고 먼저 된 자로서 나중 되리라.

Master: Yes. Take your pay and go. I want to give the man who has hired last the same as I gave you. Don't I have the right to do what I want with my own money? Or are you envious because I am generous? So the last will be first, and the first will be last.

영민: 앞의 비유 이야기를 들어보니 몇 가지 난해한 점이 있어요. 먼저, 이스라엘 포도원 주인의 성품이 공정하지 못한 것 아니에요?

Youngmin: After listening to the previous parable, there are a few things I don't understand. First of all, isn't the character of the Israelite vineyard owner unfair?

영민 아빠: 얼핏 보면 그렇게 느껴져서 풀기가 좀 어려운 비유구나. 1세기 예수 당시 사

람들과 현대인들 사이의 품삯에 대한 인식 간격이 크다고 여겨진다. 당시 사람들은 소수가 부유층이고 대부분은 소작농과 품꾼들이어서 자신을 오후 5시에 부름을 받은 사람으로 인식하였으나, 중류층이 대부분인 우리 현대인들은 오전 9시에 부름을 받은 사람으로 인식하고 있는거야.

Youngmin's father: At first glance, it seems that way, so it's a metaphor that's a bit difficult to understand. It is believed that there is a large gap in perception of wages between people of the first century and modern people. The peolple of the first century, a few of whom were wealthy and most of whom were peasants and laborers, perceived themselves as those who were called at 5 p.m., but we modern people, who are mostly middle class, perceive themselves as those who were called at 9 a.m.

보미 엄마: 성경 신명기에 보면 품꾼의 삯을 반드시 그날에 정산하라고 되어 있구나. 한 데나리온은 하층민 약자들의 생명과 직결되기 때문이야.

Bomi's mom: In the book of Deuteronomy in the Bible, it is written that a hired worker's wages must be settled on that day. This is because one denerius is connected to the lives of the weak and the lower class.

보미: 저도 궁금한게 있어요. 오후 5시의 일꾼들을 데려가 포도원에 도착하면 6시가 다 되어 사실상 정산 시간이 아니에요?

Bomi: I also have a question. When they take the 5 p.m. workers and arrive at the vineyard, it's almost 6 p.m.. so isn't it actually settlement time?

인문 아빠: 그래. 그들이 결격 사유가 있는 자여서 그냥 동냥을 주어 안 데리고 갈 수도 있었겠지. 그런데 주인은 그들이 자신의 수고로 가정을 돌보았다는 가장으로서의 자긍심을 세워주기 위해 선을 베풀었다고 여겨진다.

Inmun's Dad: Yes. Since they had disqualifications, the landowner could have just given them a treat and not taken them. However, the owner did something good to them to instill in them a sense of pride as the head of the family for taking care of the family through his own efforts.

**인문**: 그렇군요. 저도 궁금한 것 하나 여쭤볼게요. 주인이 일꾼들을 불러온 순으로 삯을 계산하여 보냈다면 모두가 행복한 결말이 되지 않았을까요?

**Inmun**: I see. I also have a question: If the owner had calculated the wages in the order the workers were called in, wouldn't everyone have had a happy ending?

**인문 아빠**: 아마도 세상 대부분 사람이 그렇게 생각하는 게 당연할 거야. 비교하고 계산하면 모두가 불행해지기 마련이지. 그래서 포도원 주인은 우리 주 예수님처럼 필요에 따라 일용할 양식을 준거라고 여겨진다. 즉 수고한 만큼이 아니라 필요한 만큼 품삯을 지불한 거지.

**Inmun's dad**: It's probably natural for most people in the world to think that way. Comparing and calculating will make everyone unhappy. Therefore, it is believed that the landowner, like our Lord Jesus, gave daily bread according to need. In other wors, they are paid as much as they need, not for the amount of their effort they put in.

(차이콥스키 피아노협주곡 제1번이 장엄하게 울려퍼진다.)
(Tchaikovsky Piano Concerto No.1 rings out.)

**서령 엄마**: 마지막으로 장터에 홀로 남겨진 그 일꾼은 오후 5시에 얼마나 자신이 초라하고 비참했을까요? 주인은 그에게 마지막 품꾼으로서 용기를 잃지 않도록 사랑을 베풀어 주신거네요?

**Seoryoung's mother**: How shabby and miserable must the lasting remaining worker have been when he was left alone in the marketplace at 5 p.m.? The owner gave him love so that he would not lose courage as the last hired hand.

**인문 엄마**: 맞아요. 그럼, 지금까지 나눈 이야기를 바탕으로 하여 다음 은유를 생생비유로 만들어 봐요. "구원은 일꾼의 하루 품삯이다". 구원과 품삯 두 사이의 유사점은 뭘까?

**Inmun's mother**: That's right. Now, let's make following metaphor a vivid analogy based on the story we've shared so far. "Salvation is a worker's wages for a day." What are the similarities between salvation and wages?

**서령**: 구원은 하나님이 사람 구별 없이 누구나 또 어느 때나 내려주시는 은혜이고 일꾼의 품삯은 일한 시간과 무관하게 모든 일꾼에게 똑같이 나눠주니 둘 사이의 유사점은 '공정함'이 아닐까요?

**Seoryoung**: Salvation is recognized as a grace that God gives to everyone and at any time without distinction, and the wages of workers are distributed equally to all workers regardless of the number of hours worked, so the similarity between the two is considered 'fairness'.

**보미**: 그래요. 하나님으로 비유된 포도원 주인께서 하루 품삯을 상당하게 바로 그날 나눠주시니 저는 '정의로움'도 추가하고 싶어요.

**Bomi**: Yes, I would also like to add 'justice' since the owner of the vineyard, who is likened to God, distributes a significant portion of the daily wages on the same day.

**영민**: 일단 유사점이 나왔으니, 제가 우선 직유를 만들어 볼게요. "사람 구별 없이 베푸시는 구원은 일꾼의 하루 품삯처럼 공정하다."

**Younmin**: Now that we have the similarities, let me create a simile. "Salvation given without distinction is as fair as a worker's daily wages."

**서령 아빠**: 그래, '정의롭다'도 가능하겠지. 너희들이 잘 보았다. 이번에는 서로의 차이점은 뭘까?

**Seoryoung's father**: Yes. 'just' is also possible. You guys saw it well. What's the difference between each other this time?

**인문**: '구원'은 하나님의 은혜로 주어지나 '품삯'은 주인의 선의로 주어진다. 어때요?

**Inmun**: "'Salvation' is given by God's grace, but 'wage' is given by the good will of the owner." How is it?

**서령 엄마**: 좋아. 주인이 마지막 일꾼을 인간답게 되도록 호의를 베풀었지. 그래서 나는 "'구원'은 은혜로 받으나 '품삯'은 인간답도록 베풂이다"도 추가하고 싶구나.

**Seoryoung's mother**: Okay. The owner did the last worker a favor by making him humane. So, I would also like to add, "'Salvation' is received by grace, but 'wages' are given in a humane way."

**인문 아빠**: 그러면 유사점을 주관념 '구원' 앞에 그리고 차이점을 '구원' 뒤에 놓아 생생 비유로 조합해 볼게. "공정한 구원은 은혜로 받는 일꾼의 하루 품삯이다."

**Inmun's father**: Then, I will put the similarities before the main concept 'salvation' and the differences after 'salvation' to combine them into a vivid analogy. "Fair salvation is a worker's daily wage received by grace."

**보미 엄마**: 보미가 아까 '정의로움'도 추가했지. 그러면 "정의로운 구원은 인간답게 베푼 일꾼의 하루 품삯이다."

**Bomi's mother**: Bomi added 'justice' earlier. Then, "Just salvation is a day's wages for a worker who receives like a human being."

**안성 포도원 주인**: 오호, 소년인 영민부터 직유도 잘 만들고 모두들 생생 은유도 잘 만드네! 저희 포도원에 와 성경 속 '포도원 주인과 일꾼들의 비유'가 난해한데도 불구하고 궁금한 것은 질문하고 어른들은 대답하며 재미있었어요. 내년에도 또 오세요. 감사합니다!

**Landowner**: Wow, everyone, starting with the boy Youngmin, is good at making simile and vivid metaphor! You came to this vineyard and although the parable in the Bible about 'the vineyard owner and his workers' was difficult, you asked questions and adults answered, sympathized with us, and had fun. Please come again next year. Thank you!

(비발디의 사계교향곡 중 '여름'이 울려퍼진다.)

(Vivaldi's 'summer' of Four Season Symphony resonates.)

**두 엄마**: 저희들은 청포도 시도 읊고, 포도원 현장 체험도 잘 했고 포도도 맛있게 잘 먹었어요. 또 뵐게요. 감사합니다.

**Two mothers**: We recited the poem about green grapes, had a good experience at the vineyard, and enjoyed eating the grapes. See you again. Thank you!

# 가라지 비유

(The Parable of the Weeds)

(영민과 보미가 부모와 더불어 차를 타고 외할아버지 고향인 김제평야에 도착하자 숙부께서 반갑게 맞이한다)

(When Youngmin and Bomi arrive in a car with their parents in the Kimje Plains, their maternal grandfather's hometown, they are greeted by their uncle.)

**숙부**: 방학이 되면 올 줄 알고 많이 기다렸다. 얘들아 안녕?

**Uncle**: I waited a long time, thinking that you would come during the holidays. Hello guys?

**아이들**: 안녕하세요?

**Children**: Hello!

**아빠**: 지난 봄에 왔을 때에는 보리와 밀이 아직 푸릇푸릇 자라고 있었는데 이제 여름에 오니 벌써 누렇게 익어가고 있구나.

**Dad**: When I came last spring, the barley and wheat were still growing green, but now that it's summer, they're already turning yellow.

**엄마**: 봄에는 밀과 가라지를 구별하기가 매우 힘들었지. 얘들아, 이제는 다 자라 추수 때가 되었으니 밀과 보리 그리고 가라지를 구별해 볼까?

**Mother**: In the spring, it was very difficult to distinguish between wheat and weed. Children, now that it's time for the harvest, let's distinguish between wheat, barley, and weed.

영민: 네. 봄에는 밀과 보리는 쉽게 구별이 되었는데 가라지는 밀과 비슷해서 쉽게 구별이 안되었어요. 가라지의 까락이 밀보다 더 길고 매끔하지 않았나요?

Youngmin: Yes, in the spring, wheat and barley were easily distinguished, but weeds were similar to wheat, so it was not easy to tell them apart. Wasn't the crow of the weeds longer and smoother than the wheat?

보미: 그랬어. 숙부님, 저희들 밭에 들어가도 돼요?

Bomie: Yes, that's right. Uncle, may I enter our field?

숙부: 그럼. 곡식이 안 다치게 조심하고 실제로 구별해 봐. (얘들과 같이 밭으로 들어가 살펴본다)

Uncle: Sure. Be careful not to hurt the crops and actually tell them apart. (He goes into the field with them and takes a look.)

[From the left: weed/ barley/ wheat]

자, 여기 가라지와 보리 그리고 밀을 비교해 볼까? 아까 영민이가 말한 대로 보리알이 밀보다는 더 통통하고 수염 부분 까락이 한 방향으로 배열됐구나. 그리고 가라지는 까락도 짧고 더 매끈하게 보여.

Now, shall we compare weeds with barley and wheat? As Youngmin said earlier, the barley grains are plumpier than wheat, and the beard is arranged in one direction. And the weeds look shorter and smoother.

**아빠**: 자, 그럼 그 세 가지 식물을 숙부 댁으로 가져가 비교를 더 하면서 '가라지 비유'가 나오는 마태복음과도 연관시켜 이야기해 보자. (베토벤의 제7번 전원교향곡 제1악장이 은은히 들려온다)

**Dad**: Now, let's take those three plants to my uncle's house and compare them further, and relate them to the Gospel of Matthew, where the parable of the weeds comes from. (Beethoven's Seventh Symphony 'Pastoral' can be heard softly.)

**엄마**: (숙부 댁에 이르러 깜짝 놀란다) 아니, 동서! 언제 이렇게 맛있게 보이는 수박과 고구마와 장어 요리를 준비했는가?

**Mother**: (Surprised when she arrives at the uncle's house) No, my sister! When did you prepare such a delicious-looking dish of watermelon, sweet potato, and eel?

**숙모**: 고창 수박과 고구마 그리고 풍천장어가 이곳 특산물인데 모두 맛있게 드세요.

**Aunt**: Gochang watermelon, sweet potato, and Pungcheon eel are the specialties of this place, and you can enjoy them all.

**영민**: 감사합니다. 와, 잘 익어서 맛있고 달아요! 장어 요리는 이렇게 쌈을 싸서 먹으니 맛있어요! 이곳 평야가 비옥한 황토 흙이어서 농사가 잘 되고 해산물도 맛있나 봐요.

**Youngmin**: Thank you. Wow, it's ripe, delicious, and sweet! The eel dish is delicious wrapped like this! The plains here are fertile loess soils, so farming is good and the seafood is delicious.

**보미**: 그래! 아저씨, 아줌마! 잘 먹을게요!

**Bomi**: Yes! Uncle, Auntie! I'll eat well!

**아빠**: 장인어른 살아 계실 때는 이 동네 어른들이 오셔서 "영감님, 오셨습니까?"하고 인사하곤 했어. 그리고 같이 느티나무 아래 돗자리를 깔고 앉아 음식을 들며 세상사 이야기로 꽃을 피우곤 했지. 이제 마태복음 13장 24절부터 30절까지 '가라지의 비유'를 한 절씩 나눠 읽고 마지막 30절은 다같이 읽자. 내가 먼저 읽고 시계 방향으로 읽어 나가자.

**Dad**: When my father-in-law was alive, the elders in this neighborhood would come and say, "Sir, are you here?" And we would sit on the sail under the zelkova tree, eating food, and talking about the affairs of the world. Now, read Matthew 13:24-30 verses of the Parable of the Weeds verse by verse, and the last 30 verses together. I'll read it first and we go clockwise.

[24절] 예수께서 그들 앞에 또 비유를 들어 이르시되 천국은 좋은 씨를 제 밭에 뿌린 사람과 같으니
(Jesus told them another parable: "The kingdom of heaven is like a man who sowed good seed in his field,)

[25절] 사람들이 잘 때에 그 원수가 와서 곡식 가운데 가라지를 덧뿌리고 갔더니
(But while everyone was sleeping, his enemy came and sowed weeds among the wheat, and went away.)

[26절] 싹이 나고 결실할 때에 가라지도 보이거늘
(When the wheat sprouted and formed the heads, then the weeds also appeared.)

[27절] 집 주인의 종들이 와서 말하되 주여 밭에 좋은 씨를 뿌리지 아니하였나이까 그런데 가라지가 어디서 생겼나이까
("The owner's servants came to him and said, 'Sir, didn't you sow good seed in your field? Where then did the weeds come from?'

[28절] 주인이 이르되 원수가 이렇게 하였구나 종들이 말하되 그러면 우리가 가서 이것을 뽑기를 원하시나이까

('"An enemy did this,' he replied." The servants asked him, 'Do you want us to go and pulled them up?'

[29절] 주인이 이르되 가만 두라 가라지를 뽑다가 곡식까지 뽑을까 염려하노라

('"No,' he answered, 'because while you are pulling the weeds, you may root up the wheat with them.

[30절] 둘 다 추수 때까지 함께 자라게 두라 추수 때에 내가 추수꾼들에게 말하기를 가라지는 먼저 거두어 불사르게 단으로 묶고 곡식은 모아 내 곳간에 넣으라 하리라.

(Let both grow together until the harvest. At that time I will tell the harvesters: First collect the weeds and tie them in bundles to be burned; then gather the wheat and bring it into my barn.'"

엄마: 24절의 '그들'은 1절에 나오는 호숫가에 모여든 군중이지요?

Mom: The "they" in verse 24 are the crowds gathered on the shore of the lake in verse 1, right?

숙모: 네, 맞아요. 1절에서 23절까지 '씨 뿌리는 자'의 비유를 말씀하시고 연이어 '가라지의 비유'를 말씀하시네요. 좋은 씨를 뿌리는 자는 누굴까?

Aunt: Yes, that's right. In verses 1 to 23, He tells the parable of the sower and then the parable of the weeds. Who sows good seed?

영민: 인자이신 예수님이요.

Youngmin: Jesus, the Son of man.

보미: 그럼, 밭은 세상이고 좋은 씨는 주 예수 나라의 아들들이겠네요.

Bomi: Well, the field is the world, and the good seed are the sons of the kingdom of the Lord Jesus.

숙부: 잘 맞추네. 그럼 가라지들은 누구의 아들들일까?

Uncle: That's a good match. Whose sons are the weeds?

영민: 당연히 악한 자의 아들들이 아닐까요?

Youngmin: Aren't they the sons of the wicked?

보미: 그래. 그것을 뿌리고 간 자는 우리의 원수인 마귀이겠네.

Bomie: Yes. The one who sowed it must be our enemy, the devil.

아빠: 그래, 맞았어. 그럼 추수 때는 언제를 암시하니?

Dad: Yes, you did. So when do you hint at harvest time?

보미: 이 세상의 끝이에요. 그때의 추수꾼들은 천사들이구요. 의인들은 어떻게 될까요?

Bomi: It's the end of the world. The harvesters at that time were angels. What will happen to the righteous?

엄마: 천국에서 해와 같이 밝게 빛날거야.

Mom: They will shine as brightly as the sun in heaven.

영민: 아저씨, 밭에 있는 가라지들이 어떤 점에서 밀에게 해가 되나요?

Youngmin: Uncle, what is it about the weeds in the field that harm the wheat?

숙부: 좋은 질문이다. 먼저 성장하면서 밀 뿌리까지 파고들어 고통을 주고 성장을 방해한단다. 두 번째로 농부가 화학 방제하려니 비옥한 토양이 거칠어지고 오염된단다.

Uncle: That's a good question. First, as it grows, it burrows into the roots of the wheat, causing pain and stunting its growth. Second, when the farmer tries to control the chemicals, the fertile soil becomes rough.

아빠: 그래서 가라지는 우리 교회에 몰래 들어오는 이단 종파들과 똑같아. 교회에 새신자로 살며시 들어와 등록하고 구역이나 나이별 전도회에도 참석해. 나중에 성경공부를 같이 하다가 자기편을 만들어서 자기들 교리를 주입시키고 물질로도 필요를 채워 주며 친하게 되다 보니 쉽게 구별이 안돼. 그러나 결국 한 가정이나 교회를 넘어지게 만들고 상처를 주니 하나님의 심판을 받아 풀무불에 던져지기 마련이지.

Dad: So the weeds are just like the heretical sects that sneak into our church. Sneak into the church as a new member, sign up, and attend evangelistic meetings by district and age. Later, when we studied the Bible together, we formed our own side and instilled in them their doctrines, and as we met our needs with material things we became close friends, so we couldn't easily tell each other. But in the end, if they stumble and hurt a family or a church, they will be judged by God and thrown into the furnace.

**엄마**: 너희들 할아버지의 호가 '일맥'이셨는데 한 알의 밀을 의미한단다. 판사로서 가라지 같은 악한 자들의 부정선거를 막으려고 생명의 위협에도 굴하지 않고 선거함을 지키셔서 언론에서는 한국의 간디라고 보도했지. 그럼 "한 알의 밀은 한 영혼이다"로 생생 비유를 만들어 볼까? '한 알의 밀'과 '한 영혼' 두 사이의 유사점은 뭘까?

**Mother**: Your grandfather's nickname was 'Ilmaek' which means a grain of wheat. As a judge, he defended the election box without giving in to the risk of his life to prevent fraudulent elections from being carried out by evil people like weeds, and the media reported him as the Gandhi of Korea. So, let's make a living analogy with "one grain of wheat is one soul"? What are the similarities between 'one grain of wheat' and 'one soul'?

**영민**: 둘 다 '소중하다' 아닌가요?

**Youngmin**: Aren't they both precious?

**아빠**: 그래. '생명을 태동시킨다'도 좋겠구나. 그럼 두 사이의 차이점은 뭘까? 특성과 존재 가치를 범주 기준으로 다 적용해 보자.

**Dad**: Yes. "Giving birth to life" would be also nice. So what's the difference between the two? Characteristics and existence values are categorically based.

**보미**: 네, 순서대로 적용해 볼게요. "한 알의 밀은 썩어져 빛나고 한 영혼은 구원받아 빛난다."

**Bomi**: Yes, I'll try to apply them in order. "A grain of wheat rots and shines, but a soul is saved and shines."

**숙모**: 그럼 내가 유사점과 차이점을 주관념인 '밀'의 한정어로 조합하여 볼게. "소중한 한 알의 밀은 구원받아 빛나는 영혼이다." 어떠니?

**Auntie**: Then let me combine the similarities and differences into the qualifier of the main idea, wheat. "A precious grain of wheat is a saved and shining soul."

**엄마**: 어머나! 동서도 제법이야! 그럼 아까 영민이가 제시했던 "가라지는 악한 자의 아들들이다"도 생생비유로 만들어 대비시켜 보자.

**Mom**: Oh my sister, you quite good! Then, let's contrast the "weeds are the sons of the wicked one" that Youngmin presented earlier by making it a living parable.

**영민**: 두 사이의 유사점은 '방해한다', '상처준다' 네요.

**Youngmin**: The similarities between the two are 'disturbing' and 'hurting'.

**보미**: '해코지하다'도 추가할게. 차이점은 '가라지는 성장을 방해하나 악한 자는 일을 방해한다.'

**Bomi**: I'll also add 'harm'. The difference is that 'the weeds hinder growth, but the wicked hinder the work.'

**숙부**: 나도 추가해 볼게. '가라지는 식물 줄기에 상처를 주나 악한 자는 영과 육에 상처를 준다.'

**Uncle**: I'll add that too. "The weeds hurt the stem of the plant, but the wicked one hurts the spirit and the body."

**숙모**: 그럼 나도 보미 답에 추가해 볼까. '가라지는 결실을 해코지하나 악한 자는 평안을 해코지한다.'

**Auntie**: Then I'll add it to my answer. 'The weeds harm fruit, but the wicked one harms peace.'

**아빠**: 이것들을 조합하여 하나씩 생생비유로 만들어 보자. 먼저, "방해꾼 가라지는 성장을 가로막는 악한 자의 아들들이다." 두 번째는 "상처주는 가라지는 줄기에 흠집내는 악한 자의 아들들이다." 그리고 세 번째는 "해코지하는 가라지는 결실을 가로막는 악한 자의 아들들이다."

**Dad**: Let's combine them and make them into a living parable. First, "The tares that hinder are the sons of the wicked one who hinder growth." The second is "The weeds that hurt are the sons of the evil one who scratch the stalk," and the third is "The tares that harm are the sons of the wicked one who hinder fruit."

**영민**: 이렇게 생생한 '가라지의 비유'를 만들다 보니 북한의 존재가 가라지처럼 여겨져요.

Youngmin: Creating such a vivid "parable of the weeds" makes the existence of North Korea seem like weeds.

숙모: 그렇구나! 그동안 한국전쟁, KAL기 폭파 사고, 이제는 핵무장으로 우리를 고통스럽게 하니 악한 가라지 같아.

Aunt: I see! In the meantime, the Korean War, the KAL plane bombing accident, and now they are making us suffer with nuclear weapons, so they are like evil weeds.

엄마: 자네 말이 맞아! 우리나라만 유일하게 분단되어 북한이라는 악한 무리를 두신 것은 하나님께서 우리가 항상 깨어서 향락과 마약을 퇴치하며 역사의 주관자이신 하나님만 의지하라는 뜻인 것 같아.

Mom: You're right! I think the fact that God has divided us and has the evil group of North Korea means that we should always be vigilant and fight pleasure and drugs, and rely only on God, who is the ruler of history.

보미: 그렇게 여겨져요. 그런데, 아저씨! 기술 과학이 발달한 현대에서는 가라지 같은 잡초를 일방적으로 제거하기 보다는 적절한 관리와 활용 방안이 어느 정도 진행되고 있지 않나요?

Bomi: I think so. By the way, uncle! In today's world of advanced technology and science, isn't there some progress in proper management and utilization rather than unilaterally removing weeds such as weeds?

숙부: 좋은 질문이다. 1946년에 포코니(Pokorny)가 개발한 2,4-D 제초제가 나온 후 잡초를 화학 합성 기술로 보다 편리하게 잘 제거하게 되었어. 요사이는 친환경적 생물적 방제도 나와 일정 수준에서 인간과 잡초가 공존하려는 철학이 대두되고 있지. 여보, '잡초 잡는 잡초' 이름이 '들묵새'이지요?

Uncle: That's a good question. After the introduction of the 2,4-D herbicide developed by Pokorny in 1946, it became easier to remove weeds using chemical synthesis techniques. Recently comes up with eco-friendly biological control, and the philosophy of humans and weeds coexisting at a certain level is emerging. Honey, the name of the 'weed-catching weed' is 'Angiospermae', isn't it?

숙모: 예, '들묵새'(Angiospermae) 맞아요. 긴병꽃풀, 토끼풀과 더불어 밭 토양도 회복하고 토양 유실도 방지하며 다른 잡초를 나지 않게 하여 생태계를 잘 유지시켜요.

[들묵새(Angiospermae), 긴병꽃풀(Ground Ivy), 토끼풀(Clover gras)]

Aunt: Yes, Angiospermae. Along with the Ground Ivy and Clover grass, it also restores the soil in the field, prevents soil loss, and prevents other weeds from growing and maintains the ecosystem.

아빠: 그렇군요. 예수께서도 가라지가 밀에게 약간의 고통과 상처도 주겠지만 활력을 주어 스트레스도 이기고 잘 자라도록 자생력도 주리라고 생각하신 것 같구나. 그러다가 마침내 추수 때가 되면 가라지부터 먼저 얼른 뽑아버리라고 하신 것 보니까.

Dad: I see. I think Jesus thought that the weeds would give the wheat some pain and hurt, but it would also give them vitality, overcome stress, and give them self-sustaining power so that they could thrive. Then, when the harvest finally comes, God told us to pluck up the weeds first.

제8번

# 지혜로운 청지기 비유

(The Parable of the Shrewd Manager)

(인문, 서령, 보미 그리고 영민이가 '세계 문화 여행' 특활 수업을 하는 시청각실에 참석하여 원형 탁자의 의자에 앉는다)

(Inmun, Seoryeong, Bomi, and Youngmin take their sit on the chair of a round table in the audiovisual room where they give a special class on "World Culture Trip.")

**역사선생님**: 얘들아, 안녕?

**History Teacher**: Hey guys, how are you?

**학생들**: 네, 선생님. 안녕하세요?

**Students**: Yes, sir. Hello?

**역사선생님**: 지난 시간까지 세계 4대 문명으로 불교와 유교를 중심으로 토론했었지. 오늘은 아시아 중동지방을 중심으로 기독교 문화를 살펴보고 다음 시간에는 이슬람 문화와 비교도 해보자. 기독교 문화도 성경을 중심으로 하고 이슬람 문화도 코란을 중심으로 다루어볼까해. 오늘은 성경을 보면서 우리 독자로 하여금 당황스럽게 하는 부분을 같이 나눠 읽고 토론해 보도록 하자.

**History Teacher**: Until now, we have been discussing Buddhism and Confucianism as the four major civilizations in the world. Today, we will look at Christian culture, focusing on Asia and the Middle East, and next time, we will compare it with Islamic culture. Let's focus on the Bible and the Islamic culture on the Quran.

**학생들**: 좋아요. 신약 성경이에요?

**Students**: Okay. Is it the New Testament?

**역사선생님**: 그래. 누가복음 16장 1절부터 11절까지 돌아가며 나눠 읽어보자. 내가 먼저 읽으면 그다음은 시계방향으로 나아가자.

**History Teacher**: Yes. Let's take turns reading Luke 16:1-11. I'll read it first, then we will go clockwise.

(1절) 또한 제자들에게 이르시되 어떤 부자에게 청지기가 있는데 그가 주인의 소유를 낭비한다는 말이 그 주인에게 들린지라

**Jesus told his disciples**: "There was a rich man whose manager was accused of wasting his possessions.

(2절) 주인이 그를 불러 이르되 내가 네게 대하여 들은 이 말이 어찌 됨이냐 네가 보던 일을 셈하라 청지기 직무를 계속하지 못하리라 하니

So he called him in and asked him, 'what is this I hear about you? Give an account of your management, because you can not be manager any longer.'

(3절) 청지기가 속으로 이르되 주인이 내 직분을 빼앗으니 내가 무엇을 할까 땅을 파자니 힘이 없고 빌어 먹자니 부끄럽구나

"The manager said to himself, 'What shall I do now? My master is taking away my job. I'm not strong enough to dig, and I'm ashamed to beg -

(4절) 내가 할 일을 알았도다 이렇게 하면 직분을 빼앗긴 후에 사람들이 나를 자기 집으로 영접하리라 하고

I know what I'll do so that, when I lose my job here, people will welcome me into their houses.'

**(5절)** 주인에게 빚진 자를 일일이 불러다가 먼저 온 자에게 이르되 네가 내 주인에게 얼마나 빚졌느냐

"So he called in each one of his master's debtors. He asked the first, 'How much do you owe my master?'

**(6절)** 말하되 기름 백 말이니이다. 이르되 여기 네 증서를 가지고 빨리 앉아 오십이라 쓰라하고

"'Eight hundred gallons of olive oil,' he replied. "The manager told him, 'Take your bill, sit down quickly, and make it four hundred.'

**(7절)** 또 다른 이에게 이르되 너는 얼마나 빚졌느냐 이르되 밀 일백 석이니이다 이르되 여기 네 증서를 가지고 팔십이라 쓰라 하였는지라

"Then he asked the second, 'And how much do you owe?' 'A thousand bushels of wheat,' he replied. He told him, "take your bill and make it eight hundred.'

**(8절)** 주인이 이 옳지 않은 청지기가 일을 지혜롭게 하였으므로 칭찬하였으니 이 세대의 아들들이 자기 세대에 있어서는 빛의 아들들보다 더 지혜로움이니라

"The master commended the dishonest manager because he acted shrewdly. For the people of this world are more shrewd in dealing with their own kind than the people of the light.

**(9절)** 내가 너희에게 말하노니 불의의 재물로 친구를 사귀라 그리하면 그 재물이 없어질 때에 그들이 너희를 영주할 처소로 영접하리라

I tell you, use worldly wealth to gain friends for yourselves, so that when it is gone, you will be welcomed into eternal dwellings.

(10절) 지극히 작은 것에 충성된 자는 큰 것에도 충성되고 지극히 작은 것에 불의한 자는 큰 것에도 불의하니라

"Whoever can be trusted with very little can also be trusted with much, and whoever is dishonest with very little will also be dishonest with much.

(11절) 너희가 만일 불의한 재물에도 충성하지 아니하면 누가 참된 것으로 너희에게 맡기겠느냐

So if you have not been trustworthy in handling worldly wealth, who will trust you with true riches?

(12절) 너희가 만일 남의 것에 충성하지 아니하면 누가 너희의 것을 너희에게 주겠느냐

And if you have not been trustworthy with someone else's property, who will give you property of your own?

(13절) 집 하인이 두 주인을 섬길 수 없나니 혹 이를 미워하고 저를 사랑하거나 혹 이를 중히 여기고 저를 경히 여길 것임이니라 너희는 하나님과 재물을 겸하여 섬길 수 없느니라.

"No servant can serve two masters. Either he will hate the one and love the other, or he will be devoted to the one and despise the other. You can not serve both God and Money."

**인문**: 예수님이 사셨던 1세기 당시의 부자는 어떤 신분이었나요?

**Inmun**: What was the status of a rich man in the first century when Jesus lived?

**선생님**: 당시 부자는 대토지 소유자, 대상인 그리고 납세임차인들로서 자신의 토지를 관리인인 청지기에게 맡기고 주로 외국에 거주했지.

**Teacher**: At that time, the rich were large landowners, great merchants, and renters, who entrusted their land to stewards who were custodians and lived mainly in foreign countries.

서령: 그럼 청지기는 중류층이였나요 아니면 서민이였나요?

Seoryoung: So the steward was a middleman or a commoner?

선생님: 주인의 자녀 교육과 일을 대신해 주는 재정담당자였지. 그래서 그는 채무증서를 갖고 거래의 전권을 위임받은 중류층 이상에 속한 신분이었단다.

Teacher: He was the finance officer who took care of the education and work of the master's children. So, with a debt deed, he was entrusted with full authority over the transaction belonging to the middle class and above.

보미: 그럼 올리브 오일 백 말 중에 오십 말을 탕감시켰는데 우리 돈으로 얼마쯤 될까요?

Bomi: So he forgave forty hundred gallons out of eight hundred gallons of olive oil, how much is our money?

선생님: 오십 말이 팔백 갤런이고 여기에 이십오 달러를 곱하면 2만 달라 정도이니 우리 돈으로 2,600만 원 정도이구나.

Teacher: Fifty mal equals eight hundred gallons, and if you multiply that by twenty-five dollars, you get about two hundred thousand dollars, which is about twenty-six million won in our money.

영민: 그럼 밀 백 말 중 이십 석을 탕감시켜 주었는데 그건 우리 돈으로 얼마쯤 될까요?

Youngmin: Then he forgave two hundred bushels out of a thousand of wheat, but how much is that our money?

선생님: 밀 일천 부셸 중 이백 부셸이니 약 6,500 달러야. 우리 한국 돈으로 850만 원 정도구나.

Teacher: Two hundred bushels of a thousand bushels of wheat, or about 6,500 dollars. That's about 8.5 million won in our korean money.

인문: 오늘 읽은 내용을 보면 청지기가 주인을 속여 거짓말을 두 번이나 하고도 칭찬을 받는 것으로 보이는데 왜 칭찬을 받았을까요?

Inmun: From what we read today, it seems that the steward deceived his master into lying twice and was still praised, so why was he praised?

선생님: 나도 표면적으로 읽으면 이해가 안 되어 당황했단다. 주인이 친구로부터 청지

기를 믿지 말라는 정보를 듣고 그를 해고하고 회계장부를 반환하라고 하지. 청지기는 변명하지도 않고 죄를 인정하며 자신에 대한 부정적인 소문을 잠재울 묘수를 찾아내지. 주인의 마음이 관대하다는 것을 잘 인식하고 주인도 높여 드리고 자신도 살아 날 방법은 채무자들을 불러 빚을 탕감해 주어 좋은 소문을 들으려는 묘수를 생각해낸거야.

**Teacher**: I was also embarrassed because I didn't understand it when I read it on the surface. When the owner hears from a friend that he shouldn't trust the steward, he fires him and tells him to return the books. The steward doesn't make excuses, he admits his guilt and finds a trick to silence the negative rumors about him. Recognizing that his master's heart is generous, he came up with a trick to call the debtors and forgive them for their debts so that they could hear good rumors about it.

**서령**: 그래서 회계 장부를 가지고 종들을 시켜 빚진 자들을 차례 차례 불러 냈군요. 그리고 남아 있는 권위를 이용하여 빚을 탕감해 주는 불법을 행한거구요.

**Seoryoung**: So he took the account books and sent his servants to summon the debtors one after the other. And he used his remaining authority to cancel his debts.

**보미**: 채무자들은 어떤 마음으로 주인 집에 왔을까요? 부자로부터 계속 땅을 빌리기를 바라는 기대도 있었겠고 반대로 불안한 마음도 있었겠죠?

**Bomi**: How did the debtors feel when they came to the owner's house? There must have been an expectation that they would continue to borrow land from the rich, and on the other hand, there must have been a sense of anxiety, right?

**선생님**: 그래. 채무자들은 탕감 받은 빚을 제외한 금액을 직접 적고 감사한 마음으로 집으로 돌아가게 되지. 돌아간 채무자들은 식구나 마을 사람들에게 어떻게 말했을까? 우리 목을 축이면서 여유를 가져볼까?

**Teacher**: Yes. Debtors write down the amount of the debt they have forgiven and go home grateful. What might the debtors have said to their families and villagers? Shall we take our time to quench our thirst?

**영민**: 좋아요. (물을 한 컵 마시면서) 당연히 빚이 탕감되었기 때문에 가족이 노예로서

더 이상 흩어지지 않아도 되니 긍휼이 많고 인자한 주인의 이야기가 마을에서 마을로 퍼지게 되었을거에요. 또한 이 일을 지혜롭게 해 낸 청지기의 소문도 전국으로 퍼져 온 마을이 축제 분위기로 바뀌었을거구요.

**Youngmin**: Okay. (Drinking a glass of water) Of course, since the debt was forgiven, the family was no longer separated as slaves, so the story of the compassionate and loving master would have spread from village to village. Also, word of the steward who did this wisely spread throughout the country, and the whole town was in a festive mood.

**인문**: 멋있는 상상이구나! 그러니 주인은 청지기가 탕감한 것은 자기와 아무 상관이 없고 그는 법적으로 권한이 없어 불의하니 채무자들은 다시 돌아와 계산을 하라고 말할 수도 없었겠네요.

**Inmun**: That's a wonderful imagination! So the master couldn't have said that the steward's forgiving had nothing to do with him, that he had no legal authority and was unjust, and that the debtors should come back and do the billing.

**선생님**: 그래서 결국 주인은 자기의 성품을 잘 인식하고 약삭빠르게 행동한 청지기의 영리한 사기를 칭찬할 수 밖에 없었다고 여겨진다. 그럼 오늘 이야기의 핵심어는 '지혜로움"이니 "지혜는 생명길이다"라는 은유를 생생비유로 만들어 보자구나.

**Teacher**: So, in the end, it seems to me that the master could only commend the steward's shrewd deceit in recognizing his character and acting shrewdly. Now, the key word in today's story is "wisdom," so let's make the metaphor "Wisdom is the Way of Life" into a living parable.

**서령**: '지혜'와 '생명길'의 유사점은 '칭송을 받는다' 혹은 '명성을 얻는다'가 어때요?

Seoryoung: What about the similarities between "wisdom" and "the way of life" in terms of "being praised" or "gaining fame"?

선생님: 아주 좋구나. 그럼 두 사이의 차이점은 뭘까?

Teacher: Very good. So what's the difference between the two?

영민: '지혜는 선과 악을 구별하게 하나 생명길은 생과 사를 구별하게 한다,'

Youngmin: "Wisdom distinguishes between good and evil, but the way of life distinguishes between life and death."

선생님: 와, 영민이가 대단하구나. 생생비유를 많이 접하더니 생각이 매우 깊어졌다! 그럼 보미가 이를 조합하여 보자.

Teacher: Wow, Youngmin is amazing. You came across a lot of parables and your thoughts deepened! Then Bomi, will you put them together?

보미: 네. "칭송을 받는 지혜는 생과 사를 구별하는 생명길이다." 혹은 "명성을 얻는 생명길은 선과 악을 구별하는 지혜이다."

Bomi: Yes, "The wisdom of being praised is the way of life that separates life from death" or "The way of life that leads to fame is the wisdom that distinguishes between good and evil."

선생님: 모두들 수고했구나. 너희들과 더불어 토론하다 보니 성경 속의 난해한 비유도 잘 이해되어 정말 좋구나. 우리 모두 우리 삶의 주인이 누구인지 물어 볼래? 그분의 마음에 대한 인식을 잘하고 서로 생명을 살리며 지혜롭게 살자구나. (베토벤의 제5번 운명교향곡 제1악장이 가볍게 흘러 나온다)

Teacher: Well done everyone. After discussing with you, I am glad that I can understand the esoteric parables in the Bible well. May we all ask who is the master of our lives? Let us have good knowledge of His heart, save one another's lives, and live wisely. (The first movement of Beethoven's Fifth Symphony of Destiny plays lightly.)

학생들: (박수를 치면서) 네, 선생님. 감사합니다!

Students: (clapping) Yes, sir. I appreciate it!

# [K-Culture 참고]

## 1. 음악 부문: 방탄소년단(BTS) '버터(Butter)'

(10월 단풍이 거리에 떨어지는 날 오후, 인문이가 귀가하며 학교 교문을 나오자 동생 서령이를 만난다.)
(On the afternoon of the day when the autumn leaves fall on the street in October, Inmun comes home and meets his younger sister, Seoryoung, as he walks out of the school gate.)

**인문**: 서령아, 수업이 끝났구나?
**Inmun**: Seoryoung, class is over for you too.
**서령**: 아, 오빠. 방금 끝나서 집으로 가는 길이야. (엄마에게 전화를 건다)
**Seoryoung**: Oh, Inmun. It's just over and I'm on my way home. (She calls her mom)
**엄마**: 응, 서령이구나. 나 지금 상가 안에 슈퍼마켓으로 가는 중인데 그쪽으로 와.
**Mother**: Yeah. It's Seoryoung. I'm on my way to the supermarket in the mall right now. Come over there.

(셋이서 식료품점 안에서 만난다. 엄마가 버터를 고른다.)
**서령**: 엄마, 우리 왔어. 그런데 이 버터로 뭐 할거에요? (서령이의 질문 시 특유의 버릇인 보조개와 미소가 나옴)
**Seoryoung**: Mom, we are here. Mom, what are you going to do with this butter?
**엄마**: 식빵에 발라 구워 먹기도 하고, 달걀로 쇠고기 부침할 때 녹여 쓰려고 해.

Mother: I spread it on bread and bake it, and I try to melt it and use it when frying beef with eggs.

인문: 버터가 화제거리네. 그러고 보니 BTS가 부른 '버터'가 미국 빌보드 차트에서 13회나 100위 안에 든 곡이야. 2020년에 '다이나마이트'의 3회 보다 더 대단한 기록이야.

Inmun: Butter is a hot topic. Come to think of it, 'Butter', sung by BTS, was on the US billboard charts 13 times or in the top 100. It's a bigger record than the 3rd episode of 'Dynamite' in 2020.

서령: 지금까지는 영어 가사가 일부만 섞였는데 '버터' 가사는 완전히 영어라던데.

Seoryoung: Until now, the English lyrics were only partially mixed, but I heard that the lyrics for 'Butter' are completely in English.

인문: 맞아. 우리 유튜브로 한번 시청한 후 어떤 내용의 가사인지 번역해 보자. (인문이가 컴퓨터에 접속하여 셋이서 시청한 후 그가 가사의 초반부를 번역하여 서령에게 보여 주자 그녀가 읽는다.)

Inmun: That's right. After watching it on YouTube, let's translate what the lyrics are. (After the three of them watch it on a computer, he translates the first part of the lyrics and shows it to Seoryoung, who reads it.)

버터처럼 부드럽게 악당처럼 비밀리에
(Smooth like butter Like a criminal undercover)

갑작스러운 문제처럼 터져 그렇게 네 마음에 파고들거야
(Gon' pop like trouble Breakin' into your heart like that.)

선글라스를 낀 멋진 모습 다 우리 엄마 덕분이지
(Cool shade stunner Yeah I owe it all to my mother.)

여름처럼 뜨겁게 그렇게 널 땀 흘리게 해

(Hot like summer Yeah I'm makin' you sweat like that.)

(서령이가 읽기를 끝내자마자 그녀의 아빠가 문을 열고 집안으로 들어오신다.)
(As soon as Seoryoung finishes reading, her dad opens the door and walks into the house.)

아빠: 안녕. 서령이가 방금 읽은 게 뭐니?

Father: Hello. What did Seoryoung just read?

서령: 방탄소년단들이 부른 '버터'라는 가사의 초반부에요. (아빠도 가사를 읽고 버터 노래도 들어 본다.)

Seoryoung: This is the beginning of the lyrics 'Butter' sung by BTS. (Father reads it and watches YouTube too.)

아빠: 아, 일곱 명의 멤버들이 척척맞는 손과 발끝 안무를 통해 호흡도 잘 맞고 쿨하면서 역동적 매력을 풍기는 연주를 하는구나. 그럼 여기 직유들을 우리가 익힌 생생한 은유 만들기 방법을 통해 바꿔 보자구나.

Father: Oh, the choreography of the seven members flawless hand and toe movements makes the performance breath-catching, cool, and dynamic. So let's change these similes with the vivid metaphors we learned how to make.

엄마: ("버터'는 악당이다'라는 은유가 뜬다) 번역한 가사 내용에 의하면 '버터'는 '악당'이구나. 두 명사 '버터'와 '악당' 사이의 유사점을 먼저 찾고 그다음에 차이점도 찾아 직유보다 더 생생한 은유를 만들어 보자. 먼저 유사점이 뭘까?

Mother: According to the translated lyrics, 'butter' is a 'criminal'. Let's first find the similarities between the two nouns 'butter' and 'the criminal', then the differences, to make a metaphor more vivid than a simile. First, what are the similarities?

서령: '버터가 부드럽다'와 '악당이 비밀스럽다'의 유사점은 음… '살며시 들어오다'인 것 같아요. (버터가 입안으로 살며시 들어와 녹아지고 악당이 집안으로 살며시 들어오는 모습)

Seoryoung: The similarities between 'Butter is smooth' and 'a criminal is undercoverd' is um … I think it's 'sneaking in'. (Butter gently slips into the mouth of BTS and melts, and the villain creeps into the house)

인문: 그래. 감성이 뛰어난 서령이니까 금방 같은 점을 잘 생각해 내네. 그럼 '살며시 들어온 버터'까지는 완성이 됐지요?

Inmun: Yeah, you are my sister with great emotions, so you quickly come up with the same things. Then, 'The butter which sneaks in' was completed, right?

아빠: 이번에는 두 명사 사이에 차이점을 찾기 위해 대비할 기준점을 생각해보자. 예를

들면, 장소나 특성을 범주 기준으로 삼아보자.

**Father**: Now, let's think about a reference point to compare to find the difference between two nouns. For example, let's take a place or a characteristic as a category criterion.

**인문**: 장소라면 '버터는 입안으로 들어오고, 악당은 집안으로 들어 온다'이네. 여기에 특성까지 더해보면 '버터는 들어와 녹아 사라지고, 악당은 들어와 살며시 사라진다'예요.

**Inmun**: When it comes to places, it's like "Butter enters the mouth, and the criminal enters the house'. If we add the characteristics to this, it is "Butter comes in and melts and disappears, but the criminal comes in and fades away'.

**아빠**: 그렇구나! 유연한 사고와 상상력으로 잘 분석하네!

**Father**: That's right! You analyze well with flexible thinking and imagination!

**엄마**: 너희들 창의력과 표현력이 점점 좋아지고 있구나! 우리나라의 창의력지수를 세계 상위권으로 이끌고 세계적 배테랑 리더로 쓰이기를 바란다.

**Mother**: Your creativity and expressiveness are getting better and better! I hope that we will lead Korea's creativity index to the top of the world and be used as global veteran leaders.

**서령**: 고마워요. 그럼 정리하여 보면 다음과 같은 은유가 되는 셈이네! '살며시 들어 온 버터는 입안에서 사라지는 악당이다'.

**Seoryoung**: Thank you. So, if you put it all together, it becomes the following metaphor! 'The butter which sneaks in is the criminal who vanishes in your mouth'.

**인문**: 맞아! (엄지와 중지로 마찰 소리를 크게 낸다) 마침내 주관념 명사 '버터'와 보조관념 명사 '악당'으로 생생한 은유를 만들어 냈네.

**Inmun**: That's right! (He makes a loud friction sound with his thumb and middle finger) Finally, we have created a vivid metaphor with the main concept noun 'butter' and the adjoint concept noun 'criminal'.

**아빠**: 이번에는 '악당'을 주관념으로 바꿔보면 '살며시 들어온 악당은 집안에서 사라지

는 버터이다'가 되겠구나.

**Father**: If we change the adjoint noun 'criminal' to the main concept noun this time, it will become 'a criminal who sneaks in is the butter that disappears from the house.'

**엄마**: 어쨌든 우리가 만드는 생생 은유 방법은 '버터'라는 사물명사까지도 매우 선명한 비유 문장이 되게 하는구나.

**Mother**: Anyway, the way we make vivid metaphors make even the object noun 'butter' become a very living metaphor.

(브람스의 심포니 교향곡 제3번 3악장이 은은히 울려퍼진다)

(The third movement of Brahms' Symphony No. 3 resonates softly)

## 2. 문학 부문: 천상병 시인의 시 '귀천'

(초록의 풋풋한 옷을 입고 있는 나뭇잎과 예쁜 장미들이 아름답게 핀 봄날, 서울 양재천의 '칸트 산책로' 주변 벤치에 앉아 초등학생 영민과 중학생 보미가 조부모와 더불어 얘기를 나눈다.)

(On a spring day when the leaves of the trees dressed in green clothes and beautiful roses bloom beautifully, elementary school student Young-min and middle school student Bomi sit on a bench near the Kant Promenade in Yangjaecheon, Seoul, and talk with their grandparents.)

**할머니**: 보미야, 이 세상에서 가장 넓은 곳이 어딘 줄 아니?

**Grandmom**: Bomi, do you know where the widest place in the world is?

**보미**: 음… 바다, 하늘, 지구… 많지요.

**Bomi**: Well…, the sea, the sky, the earth… A lot of things.

**할머니**: 그래, 아마 하늘이지 않을까 해. 넓은 바다도 있지만, 바다는 끝이 있어. 육지에 닿을 수 있잖아. 그러나 하늘은 경계선이 없어서 가장 넓은 곳이 될 것 같아.

**Grandmom**: Yeah, maybe it's the sky. There is also a wide sea, but the sea has an end so it can reach the land. But the sky has no borders, so I think it will be the widest place.

**보미**: 그렇군요. (하늘을 우러러보며) 와! 구름이 뭉게뭉게 피어오르고 있네. 솜사탕 모양도 있고, 우리나라 지도 모양도 있고, 곰돌이 인형의 모양도 있어. 자꾸자꾸 구름이 움직이고 있네.

**Bomi**: That's right! Wow! Clouds are rolling up. There is the shape of cotton candy, there is the shape of a map of Korea, and there is the shape of a teddy bear. The clouds keep moving.

**할아버지**: (하늘을 우러러 보고 입가에 잔잔한 미소를 머금으며) 하늘을 바라보면 마음이 넓어지고 절로 미소가 지어져. 그리고 여유로운 마음을 가지게도 돼. 영민아, '하늘'하면 떠오르는 천상병 시인이 있어, 우리 문학교육을 위해 다같이

그 시를 감상한 후 영민이가 시인이 되어 한 번 읊어 볼래?

**Grandpa**: (He looked up to the sky and had a gentle smile on his lips) When I look at the sky, my heart expands and a smile comes naturally. And I can have a relaxed mind. Youngmin, there is a poet Cheon Sang-byoung that comes to mind when I think of 'sky'. After watching it together, why don't you recite it as a poet for the education of literature?

(유튜브로 같이 시청한 후 영민이가 멋지게 읊어 본다.)

(After watching it together on Youtube, Youngmin recites it beautifully.)

나 하늘로 돌아가리라

새벽 빛 와 닿으면 스러지는

이슬 더불어 손에 손을 잡고

나 하늘로 돌아가리라

노을 빛 함께 단 둘이서

기슭에서 놀다가 구름 손짓하며는

나 하늘로 돌아가리라

아름다운 이 세상 소풍 끝내는 날,

가서, 아름다웠더라고 말하리라

(I will return to heaven

Hoding hands with the dew

Which drips when the dawn light touches

I will return to heaven

Just the two of us together in the sunset light

While playing at the foot, when the clouds beckon

I will return to heaven

The day we end our picnic in this beautiful world,

I will go and say it was beautiful.

할머니: 응, 투병 생활을 하면서도 어린아이처럼 천진난만하고 아름다운 시를 지은 시인이지? 얼굴도 기억이 나. 함박웃음을 머금고 있는 사진 말이야.

Grandmom: Yes, he was a poet who wrote beautiful poetry as innocent as a child while fighting the disease, right? I remember the face, too. A photo with a smile on his face.

보미: 그래요. '귀천'이란 시에서 시인은 '나 하늘로 돌아가리라'고 되풀이하면서 아름다운 이 세상 소풍 끝내는 날 가서 아름다웠더라고 말하겠대요.

Bomi: Yes, in the poem 'Return to heaven', the poet repeats 'I will return to heaven' and says that the day the excursion to this beautiful world ends, he would go to say it was beautiful.

할머니: 소풍이 주는 의미는 무엇일까? 소풍은 즐겁지 않아?

Grandmom: What is the meaning of a picnic? Aren't picnics fun?

영민: 그럼요, 즐겁고 말고요. 항상 기다려지는 걸요. 시인은 이 세상을 살면서 소풍가는 것처럼 즐겁고 행복하게 지냈나 봐요. 병상에 있어 힘든 시기도 많았을 텐데, 소년처럼 천진난만한 삶을 사신 분이라서 긍정적인 눈으로 세상을 아름답게 보았나 봐요.

Youngmin: Yes, the picnics are fun. I'm always looking forward to them. The poet have lived happily in this world as if he was going on a picnic, so there must have been many difficult times in the hospital bed. He lived an innocent life like a boy, so he must have seen the world beautifully through positive eyes.

보미: 앗, 갑자기 비가 오기 시작해요! (소나기가 내리는 모습)

**Bomi**: Ah, it's suddenly starting to rain.

**할머니**: 그렇구나! 우리 모두 잉어가 뛰노는 다리 가까이 가자. 우선 정자에서 소나기를 피하면서, 이 시를 참고하여 은유 문장을 만들어 보자.

(다리 아래 잉어들이 헤엄치는 모습이 보이고 식구들은 정자에 오른다.)

**Grandmom**: I see. Let's get closer to the bridge where our carp runs. First, let's make a metaphorical sentence by referring to this poem while avoiding the rain in the pavillion.

(Carp can be seen swimming under the bridge and the family climbs into the pavillion.)

**영민**: 그래요. '인생은 소풍이다'가 어때요?

**Youngmin**: Then, 'Life is a picnic", how about it?

**보미**: 너도 시인이 다 되었구나! 우리의 삶을 소풍에 비유했네 이것을 보다 의미가 선명하도록 유사점과 차이점을 찾아내 생생한 은유로 만들어 보자. 먼저, 두 명사 상이의 유사점은 뭘까?

**Bomi**: You have become a poet, too! You compared our lives to picnics. Let's make this a vivid metaphor by finding the similarities and differences to make it more meaningful. First, what are the similarities between the two nouns?

**영민**: 음, '기대가 된다'거나 '즐겁다' … 그리고 '끝내는 날 아름답다'라고 생각해.

**Youngmin**: Well, I think 'there is hope' or 'fun' and 'the day it ends is beautiful'.

**보미**: 그러면 차이점은? 시간과 공간이 범주 기준이 될 수 있겠네.

**Bomi**: So what's the difference? Time and space may be the criteria.

**영민**: 알았어. "인생은 다시 되돌아 올 수 없으나, 소풍은 다시 할 수 있다."

**Youngmin**: Okay. "Life can never come back, but picnics can be done again."

**할아버지**: 좋아. 그럼 유사점과 차이점을 수식어로 삼아 '인생'을 주관념으로 생생한 은유를 만들어 보자.

**Grandpa**: Okay. So, let's make a vivid metaphor with 'life' as the main concept. using similarities and differences as modifiers.

**보미**: "즐거운 인생은 다시 되돌아 올 수 없는 소풍이다."

**Bomi**: "A pleasant life is an excursion from which there is no return."

**할아버지**: 좋았어! 그럼, 나는 '소풍'을 주관념으로 시작해 볼게. "끝내는 날이 아름다운 소풍은 다시 시작할 수 있는 인생이다". 그런데 인생을 반대로 살았다고 생각한 사람은 뭐라고 말했을까? 한번 생각해 보자구나.

**Grandpa**: Good! I'll take a picnic as the main idea. "A picnic with a beautiful ending day is a life that can be started again." But what would a person who thought life was the opposite say? Let's think about it.

(눈을 감고 서로 생각에 잠기자 베토벤 9번 합창교향곡 '환희의 송가'가 흘러나온다)

(As they close their eyes and get lost in their thoughts, Beethoven's 9th Choral Symphony 'Ode to Joy' plays.)

# 2

## 최명진 시 세계

① 사랑 (LOVE)
② 기다림의 미학 (The Aesthetics of Waiting)
③ 검정 옷 (Black Clothes)
④ 멀리 사라지는 사람들 (People disappearing far away)
⑤ 며칠 전부터 달님이 내 방을 찾아와 아침잠을 깨워요
(A few days ago, the Moon came to my Room and woke me up in the Morning.)
⑥ 비 (RAIN)   ⑦ 새벽달 마중 (Welcoming the early morning Moon)
⑧ 이분법적 사고 (Dichotomous Thinking)
⑨ 유혹하고 떠나는 인생 (A Life that tempts and leaves)
⑩ 라 세느 66 (La Seine 66)   ⑪ 좋아하는 거 (Things I like)
⑫ 꿈 (Dream)   ⑬ 대리만족 (Vicarious Satisfaction)
⑭ 설레임 (Thrill)   ⑮ 주인공 (The main Character)

# 사랑

참고 견디고 순종하는 것이 사랑이다
변해도 사랑이다
자기 꼬리를 사랑하듯이
고맙게 여기면 돼

눈이 되는 비가 더 아름답듯이
많이 변했어도 여전하다 말해주는
느긋한 사랑이 진짜 사랑이다

자기를 사랑하듯이 배려하고
금방 식는 물이라도 따사하다 여기며
버릴 수 없으니
애처러이 여기니
그게 사랑이다

# LOVE

Patience and obedience are love
Even if it changes, it's love
Just like you love your own tail
Just be thankful

Just as rain that turns into snow is more beautiful
Even though it has changed a lot, it is still the same
Relaxed love is real love

Treat yourself like you love yourself
Even water that cools down quickly is considered warm.
Because I can't throw it away
How pathetic is this place?
That's love.

## 기다림의 미학

실타래처럼 가늘고 길고
코끼리 코처럼 펄럭이고
오래 끓인 차처럼 걸쭉하고
초저녁에 한밤중을 뛰어넘어 새벽을 기다리는데

빨리 갈수록 늦어진다는 시계가
내 발목을 꽉 잡고 있어서
환경이 위로 가라하는데
어두운 뒷골목의 계단을 내려가고 있다

뱀과 늑대로 만난 청춘이 서로를 몰라보듯
초록이 좋아 이파리가 된 전설처럼
모든 신화는 질투에도 아름답다

도파민이 숨어버리는 기다림에 대해
기다려야 결실을 보겠으니
늘 잊어버리고 새로 만난 듯이
사랑으로 승화시켜야지요

# The aesthetics of waiting

Thin and long like a skein of thread
Fluttering like elephant ears
Thick like long-boiled tea
Early in the evening, I jump through midnight and wait for dawn.

The faster the clock goes, the slower it gets.
Holding my ankles tight
The environment says to go up
Going down the stairs in a dark back alley

Just like the youth who met as a hawk and a wolf do not know each other
I like green, like the legend that became a leaf
All myths are beautiful even with jealousy

About the waiting that dopamine hides
I'll have to wait and see the results
It's like we've always forgotten and met again
We have to sublimate it into love.

# 검정 옷

아버지가 돌아가시자 검정 옷을 사 입었다
상실감이 커서 음악 틀고 누워 있었다
어머니가 가실 때에는 침착했다

검정 옷이 칙칙해서 평소 즐겨 입지 않았는데
상복으로 산 것이다

삼 년 동안 입는다며 줄곧 우중충하게 입었다
어두운 색깔을 좋아한다는 소리를 들었다
내내 상중이어서 그런건데

남편이 가신 후에도 빨간 옷을 못 입었다
친구는 남편이 돌아가셨는데 화려한 옷을 입는다
왜 나는 꼭 상복을 입어야 하는지...

죽은 이에 대한 애도인 것이다

# Black clothes

When my father died, I bought black clothes
I felt so lost that I played music and lay down.
I was calm when my mother left.

I don't usually wear black clothes because they are dull.
I bought it as mourning clothes.

I always wore it gloomily, saying I had been wearing it for three years.
I heard I like dark colors
It's because I was in mourning the whole time.

I couldn't put on red even after my husband was gone.
My friend's husband passed away, but she wears fancy clothes.
Why do I have to dress mourning clothes...

It is mourning for the dead.

## 멀리 사라지는 사람들

소중함을 몰라서

편견에 속아서

어리석은 노여움으로 손 놓아버리고


언젠지도 모르게 솔솔

손아귀에서 빠져가 버린 지난날들

올레용 정원에서

납치금지 푯말 앞에서


화사한 옷 입고

따스하게 웃으며


사람이 진짜 일회용이라서

구겨 박을 수도 없고

뜯어고칠 수도 없는데...

# People disappearing far away

Because I don't know its importance
Fooled by prejudice
I let go of my foolish anger

Someday without even knowing
The past days that slipped out of my grasp
In the Oleyon Garden
In front of the no kidnapping sign

Wearing bright clothes
Smiling warmly

Because people are really disposable
I can't crumple him up
I can't even repair him...

며칠 전부터 달님이 내방을 찾아와
아침잠을 깨워요

우리 집 정원에 봄이 왔어요
봄이 머물다 가요

빨간 앵두꽃이 피었어요
분홍색 꽃들도
동백꽃은 벌써 피었어요

내 얼굴에도 수줍은 봄꽃이 피었어요

석양이 져요
등불을 밝혀요
차별대우도 참아야 해요

달님이 내게 찾아오는 한
환영의 눈물을 흘려야 해요

# A few days ago, the moon came to my room and woke me up in the morning.

Spring has come to our garden
Spring will stay and disappear

Red cherry flowers have bloomed
Pink flowers too
The camellia flower has already bloomed

A shy spring flower has bloomed on my face too.

The sunset is setting
Light the lamp
We also have to endure discrimination.

As long as the moon comes to me
I have to shed tears of welcome

## 비)

마당에 놓인 물그릇
떨어지는 빗방울
도닥도닥 말을 건다
이 세상에 나쁜 것은 없어요

침묵지도 화내지도 슬퍼하지도 말아요
개구쟁이처럼
뛰어다니고 싶어요! 빗 속을~

빗소리가 신나요
우산 위로 톡톡톡
창문 위로 스치며 비스듬히 마구 흘러가는
빗물은 자유예요

떨어지는 빗소리가 듣기 좋아요
내면에 깊은 울림이에요

# Rain

Water bowl in the yard

Falling raindrops

Talk to me casually

There is nothing bad in this world

Don't be scared, don't be angry, don't be sad.

Like a naughty boy

I want to run around! In the rain~

The sound of rain is exciting

Tap tap tap over the umbrella

It passes over the window and flows diagonally.

Rainwater is free

I like to hear the sound of falling rain

It's a deep sound inside me

## 새벽달 마중

겨울 다이어트한 나무들 사이로
반짝거리는 붉고 노랗고 파란 불빛들
푸른 대나무 숲

하얀 새벽달이 하늘에서 시린 듯

내일은 모르니 오늘 열심히
찬 바람에 볼이 따갑게
박자와 리듬에 맡기며 라인 댄스

그래프 그려 함수 풀 듯이
정답을 보여주는 새하얀 달을
아직도 어두운 새벽에
짧은 산행길로 도착해
보기도 어려운 새벽 달님에게
새해 첫날처럼 소원을 빌어 본다

서서히 밝아오는 여명의 붉음 뒤
하늘이 푸르스름해져도 여전히 뚜렷한
달님에게

# Welcoming the early morning moon

Between the trees on a winter diet
Twinkling red, yellow and blue lights
Green bamboo forest

The white dawn moon seems cold in the sky

I don't know tomorrow, so work hard today
My cheeks sting from the cold wind
Line dance, leaving it to the beat and rhythm

Like solving a function by drawing a graph
The pure white moon that shows the correct answer
In the still dark dawn
Arrive via a short hike
To the dawn moon that is difficult to see
I make a wish like it's New Year's Day

Behind the slowly brightening red of dawn
Even if the sky turns blue, it's still clear
To the moon

# 이분법적 사고

적이 아니면 동지
Yes 아니면 No
늘 중간이어야 해

좋지 않으면 나쁘다
좋지도 않고 나쁘지도 않아

예쁘다 밉다
예쁘지도 밉지도 않아

늙었다 젊었다
쉽다 어렵다
프로냐 아마추어냐

가수와 일반인의 차이
연기자와 비 연기자

훈련, 수련, 교육의 있음과 없음
즐거운 것과 힘든 것

능력과 어리석음
그 어느 것에도 양다리 걸쳐야

프로는 춤추며 노래 부르고
우리는 TV 보며 요리하는 게 고작

# Dichotomous Thinking

If you're not an enemy, you're a comrade
Yes or No
It should always be in the middle

If it's not good, it's bad.
It's not good and it's not bad

It's pretty, it's hateful
Neither pretty nor hateful

Old and young
Easy, difficult
Are you a professional or an amateur?

Differences between singers and ordinary people
Actors and non-actors

The presence and absence of training, discipline, and education
Fun and hard

Ability and foolishness

You have to straddle anything

Professionals dance and sing

All we do is watch TV and cook.

# 유혹하고 떠나는 인생

한꺼번에 핀 수많은 꽃이
어느 순간
꽃비가 되어 눈을 흘린다

사귀고 싶으면 유혹해야 한다
의미 없는 말도 던지고
뜻 없는 미소도 띠고
우리는 서로를 유혹한다

그리고
어느 날 덧없이 떠난다
좋은 추억을 남기며

그래도 좋았다며 이별을
가슴 쓰리게 받아들인다.
누구나 떠난다

아쉬움이 노력하게 만들어서
성공이 허무할 수도

유혹에서 잊힌 게 행운이고

손해 보는 유혹에 당당해져라

# A Life that tempts and leaves

Many flowers blooming at once
At some point
It becomes a rain of flowers and catches the eye.

If you want to date someone, you have to seduce them.
Throwing out meaningless words
Even a meaningless smile appears
We seduce each other

And
One day, it leaves without a trace
Leaving good memories

But I said goodbye and said it was good
I accept it heartily.
Everyone leaves

Because regret makes me try harder
Success may be in vain

I'm lucky to be forgotten by temptation
Be confident in the temptation to lose money.

# 라 세느 66

소나무에 걸린 초승달이 창창하듯이
구름 사이를 넘나드는 하현달도 빛을 발해

우리는 스무살 무렵에 만나
각자의 길을 가다가 나름 성공한 뒤 만났다
그 시절의 꿈과 노력 속에서
옛 모습이 언뜻 비쳐 보이고

매일 만나는 친구인 듯 세월을 넘어 반갑다
카톡으로 나누는 편리한 세상에서
금방 주고 받는 메시지 덕분에
세월의 흐름이 느껴지지 않고
방금 보고 있는 듯 시공을 초월한다

우리는 그대로 젊고 꿈꾸던 그 꿈도 변하지 않았다
운동회 때 하던 어설픈 배구
계몽 봉사 교육으로 갔던 설악산

개발되지 않아 군용 트럭으로 갔었는데
장마 뒤의 깨끗하던 순수한 경치들이
이 세상 어디에도 뒤지지 않았다

우리들이 그랬었다 어디에 내놓아도 괜찮았던

용두동 캠퍼스에 있던 작은 꽃동산
회색빛 콘크리트 건물들
모두가 어렵게 학창 시절을 보냈던 40대의 젊은 교수들이
한창 우리들의 기를 살려 주셨고

줄기찬 데모로 휴학 기간이 많았던
공부하고 싶었던 우리들
그때 다 못했던 공부를 지금이라도 하고 싶다

# La Seine 66

Like the crescent moon hanging on a pine tree

The full moon passing through the clouds also shines.

We met when we were twenty

We went our separate ways and met after achieving some success.

In the dreams and efforts of those days

We can catch a glimpse of our old selves

It's nice to see you beyond time, as friends you meet every day.

In a convenient world of sharing through KakaoTalk

Thanks to the quick exchange of messages

I can't feel the passage of time

It transcends time and space as if I was just seeing it.

We are still young and the dream we dreamed has not changed.

A clumsy volleyball game played during sports day

Seorak Mountain where we went for enlightenment volunteer training

Since it was not developed, it was used as a military truck.

The clean and pure scenery after the rainy season

It is second to none in this world

We were like that, it was okay to put it out anywhere.

A small flower garden on the Yongdu-dong campus
Gray concrete buildings
Young professors in their 40s who all had difficult school days
You saved our spirit in the middle of the day.

There were many periods of absence from school due to persistent demonstrations.
Those of us who wanted to study
I want to study now, even though I couldn't do it back then.

## 좋아하는 것

배드민튼 복식
어릴 때부터 집에 있던 탁구
친구와 떠들며 걷기


길 옆의 푸른 숲이 제법 깊게 내려다보이는
알람브라 궁전길
맑은 날씨에 북한산이 멀리 보이는
스위스길
내 멋대로 기분 내며 붙인 길 이름


필요한 것만 걸치는 여름
하얗게 쌓인 눈 밟는 뽀드득 소리


창밖의 새 소리
풀 벌레의 아침 합창


유난히 맑은 하늘
구름 잔뜩 낀 오후 같은 아침의 빛깔

멀리 보이는 아파트들의 밀집
금낭화가 곁에 피어있는 남산의
시냇물 흐르는 길

뜨거운 대낮 속 시원한 실내
소중한 꿀잠

# Things I like

Badminton doubles
Table tennis at home since I was little
Walking while chatting with friends

Alhambra Court Road with a deep view of the green forest next to the road
Bukhan Mountain can be seen from afar on a clear day
Swiss Road
A road name I named to suit my mood

Summer where I only wear what I need
The crunching sound of my feet on the white snow

The sound of birds outside the window
The morning chorus of insects

An unusually clear sky
The color of the morning like a cloudy afternoon

A cluster of apartments seen from afar
A stream flowing along Nam Mountain with goldenrods in bloom

A cool indoor space in the hot daytime

A precious sweet sleep

## 꿈

작가가 어린 시절부터의 꿈이다
초교 시절 방학 내내 구석에 앉아 책만 읽었다
그림도 그리고 싶고
작곡도 하고 싶지만 능력이 못 미친다

아무 것도 못하게 하던 님 덕분에
일기는 줄곧 썼다

분홍빛 꿈은 상상 속의 일이다
길가의 연탄 자욱이 그림으로 보이고
내 속에 갇혀 있던 세월이 지나고
뭐든지 가능하게 되었다

운동을 열심히 해도
끈기와 노력의 부족인가
일기를 쓰다가 수필을 배우다가 다시
시 쪽으로 방향을 틀다

남에게 뒤처지는 꿈을 꾸곤한다

그리곤 노력한다

아직도 많이 꿈을 펼 날이 남아 있다고...

경쟁할 만큼 강하지는 못해도 뒤지고 싶지도 않다

최명진 - 시 세계

# Dream

Being a writer is my dream since I was a child

During elementary school vacations, I sat in a corner and read books

I want to draw

and compose music, but I don't have the ability

Thanks to the person who didn't let me do anything

I kept writing a diary

The pink dream is a thing of imagination

The traces of briquettes on the roadside are seen as pictures

The years that were locked inside me have passed

And anything has become possible

Even if I exercise hard

Is it a lack of perseverance and effort

I started writing a diary, learned essays, and then

I changed my direction to poetry

I often dream of falling behind others

And then I try

I still have a lot of days left to realize my dreams...

I'm not strong enough to compete, but I don't want to fall behind

# 대리 만족

배가 부르다
온갖 진미가 눈 앞에 있다
엄청 잘 먹는다
TV 앞에 앉아 있으면
보기만 하는데 배가 부르다

슬픈 이야기에 눈물 흘리고
잔인한 장면은 차마 못 보고

카타르시스로
울고 웃고 떠들고 먹고 보고
시간 가는 줄 모르다가
깜짝 놀라 내 입속도 챙긴다

# Vicarious satisfaction

I'm full

All kinds of delicacies are in front of me

They eat really well

When I sit in front of the TV

I'm full just watching

I cry over sad stories

I can't stand watching cruel scenes

I cry, laugh, talk, eat and watch with catharsis

I lose track of time

I'm surprised and my mouth is full too

## 설레임

모든 만남은 우리를 설레게 한다
친구도, 남편도, 아이도
만나길 기다린다

먼 숲을 지나 긴 강을 건너고
둑길을 따라 올라가면 만날 수 있을까?
요단강 건너 만나리라

달도 보고 눈도, 비도 맞으며
기다림 끝에 손짓하는
내 님이 있다

꿈 속에서 놀라기도 하고
진짜 만난 것처럼 설레인다

단꿈 꾸는 아기처럼 미소 지으며
오늘도 설레는 나는
무작정 기다린다

자그마한 마음의 떨림이다

# Thrill

Every encounter makes us excited
Friends, husbands, even children
Wait to meet

If I pass through the distant forest, cross the long river
And go up the embankment, will I be able to meet you?
We will meet across the Jordan River

Seeing the moon, snow, and rain
And at the end of waiting, there is my love
Waving

I am surprised in my dreams
And I am excited as if I really met you

Smiling like a baby having a sweet dream
Today, too, I am excited
And I just wait

It is a small trembling of the heart

# 주인공

키 클 필요도 없다
눈이 안 커도 된다
제일 눈에 띄어도 마찬가지다
모두가 자기 생의 주인공이다

열심히 살면
자기 식대로 꾸준히 노력하면
성공하게 되어 있다
내가 내 삶의 주인공이기 때문에

먼 나라를 여행하고
당장 당장의 영상보다는
책 속에서 상상을 배우고 꿈을 키우고

매 순간이 내 세계이니
내가 바로 주인공이로다

# The main character

You don't have to be tall
Your eyes don't have to be big
It's the same even if you stand out the most
Everyone is the main character of their own life

If you live hard
If you work hard in your own way
You will succeed
Because I am the main character of my own life

I travel to faraway countries

Rather than seeing the immediate image
I learn to imagine and dream from books

Every moment is my world
I am the main character

## 순간순간 성장하는 사피엔스

2024년 10월 18일 초판 1쇄

지은이    김공대·최명진
펴낸곳    가을문화사
주 소     서울특별시 성동구 성덕정길59-6
전 화     02)2277-0624
인 쇄     화신문화(주)

ISBN 978-89-88673-53-9

값 10,000원

* 이 책은 저작권자와 본사 양측의 동의 없이 어떠한 형태나 수단으로도 이용할 수 없습니다.